傷つくのが怖くなくなる本

石原加受子

PHP文庫

○本表紙図柄＝ロゼッタ・ストーン（大英博物館蔵）
○本表紙デザイン＋紋章＝上田晃郷

文庫版まえがき

悩みや問題が起こったとき、迷い続ける人とそうでない人がいます。その違いはどこにあるのでしょうか。

それは、思考し続けるのか、行動するのかの違いです。

迷い続ける人は、いろいろ考えた末に、「じゃあ、こんなふうにしてみよう」と決めたとしても、やっぱり、「これでいいんだろうか」と、また迷い始めます。

実際に行動しようとする際にも再び立ち止まって、「本当に、これでいいんだろうか」「もしこれで間違っていたら、どうしよう」といった思考を繰り返します。

答えが見出《みいだ》せないと、友人や職場の同僚や家族に意見を求める人もいるでしょう。相談するというのは好ましいことですが、人の意見はそれぞれで、全員の答えが一致するとは限りません。みんなの意見に耳を傾けると、誰の意見も一理あるように感じるものです。

けれども、そうやって余分な情報が入るので、迷う人にとっては、いっそう混乱してしまうということになりかねません。ここが、迷い続ける人たちの特徴です。

そして最後には、そうやって思考すればするほど、「ああ、もう、どうしていいかわからない」となっていきます。

ではどうして、そうやって迷う人たちは、疲労困憊《こんぱい》するほどに考えながらも、なかなか決断できないのでしょうか。

実は、実際に行動したとき、「傷つくこと」を恐れているからです。

例えば自分が、主張したり行動したりするときに、「相手がこう言ってきたら、こう言い返そう」「もし、こんな要求をされたら、こう反論しよう」「それでもダメなら、徹底的に戦うしかないぞ」などと、事前に理論武装して臨《のぞ》もうとするのは、自分が傷つくことを恐れているからに他なりません。

自分が「傷つくことを恐れている」という自覚がない人たちも少なくありません。

例えば職場の問題を、「この件は、上司に頼んで、問題の相手に注意してもらおう」などと発想してしまうのも、相手と争いになって「傷つく」のを恐れているからだと言えるでしょう。

本書は、そんな恐れを抱いて「堂々巡りの思考」に陥《おちい》ってしまう人たちが、「傷つくこと」なしに行動できる方法を提示したものです。

本書を読んで、「思考する」ことから「行動する」ほうに変わっていけば、そんな傷つくことへの恐れが、杞憂《きゆう》だったのだと気づくに違いありません。

石原加受子

二〇一八年十一月

思い通りの人生を送るには？……………………はじめに

もしあなたが、

「どうして、あの人は、あんなことをするのだろうか。どうしてあの人は、あんなことを言ったのだろうか。あの人は、何を言いたかったんだろうか。どういった意図があるんだろうか」

などと相手のことを分析し始めたら要注意です。

さらにあなたが、相手を分析しながら次第に相手を心の中で責めていたり、感情的になって腹を立てていたり、相手のことがなかなか頭から離れなくなっているとしたら、すでにあなたは〝自分を置き去りにしています〟。

どうして、つい相手を分析する思考に走ってしまうのでしょうか。

それはあなたの中に、

「言いたくても言えない。やりたくてもやれない」

という気持ちが潜《ひそ》んでいるからです。

どうしてあなたは、「言いたくても言えない」のでしょうか。

どうしてあなたは、「やりたくてもやれない」のでしょうか。

それは、そんな気持ちの奥に、

「人と争うのが怖い。これ以上、傷つくのが怖い。失敗するのが怖い。嫌われるのが怖い。仲間外れになるのが怖い。相手を傷つけるのが怖い」

といった〝恐れ〟があるからではないでしょうか。


そうやってさまざまな恐れを抱いてしまう大きな理由の一つは、相手のことに囚《とら》われていたり、社会常識、一般常識に囚われて「〜しなければならない」という「他者中心」の意識に陥っているからです。

とりわけこの「〜しなければならない」は、自分を束縛《そくばく》する〝思考〟です。

その中には〝自分自身が存在しません〟。

この「〜しなければならない」の中には、あなたの「〜したい」という欲求や願望がありません。「〜しなければならない」からスタートすれば、自分の感情を無視して「したくないこと」も「できないこと」も、自分に強制していきます。

そこから〝行動することへの恐れ〟が生まれるのです。

もしあなたがここで、そんな他者中心の意識から解放されて、自分の自由を認めて「〜したい」を優先する自分中心の発想ができれば、あなたは、今抱いているさまざまな「恐れ」から解放されるでしょう。

自分中心になれば、人と争うことも少なくなっていきます。

自分中心になればなるほど、あなたは恐れを手放し、望み通りに行動し、自由とその満足感、充実感、幸福感を手に入れることができるのです。

この本が、あなたに本来備わっている素晴らしい力を引き出し、輝かしい未来を切り開く手助けとなることを、心から願っています。

石原加受子

傷つくのが怖くなくなる本　もくじ

第1章　今度こそ、我慢したくない。諦《あきら》めたくない

第2章

本当は誰だって「傷つきたくない」と感じてる

第3章

きつい人間関係も、こちらの出方しだい

第4章

恐れを手放すレッスンを始めよう

第5章

もう怖くない！　思い通りの人生に変わる

本文イラスト・石村紗貴子

第 1 章

今度こそ、我慢したくない。諦《あきら》めたくない

1 私の人生、こんなハズじゃなかった

もっと幸せになっていたかも

今の生活にまったく満足していないというわけではないのですが、あなたは、「心から満たされているとも言えない。充実した人生を送って輝いている人がうらやましい。言いたい放題、やりたい放題に生きてる人を見ると腹が立つけど、どこかで嫉妬《しっと》したり憧《あこが》れている」

そんな気持ちを抱いたりしていませんか。

「ぜいたく言ったらキリないし。人生って、まあ、こんなものなんだろうから」

と自分に言い聞かせたり、

「でも、諦めきれない」

と思ったりして、どうしても、今の自分を受け入れることができません。い

つも漠然《ばくぜん》と、「このままでいいのかな」と考えるたびに居たたまれない気持ちになっていきます。そしてあなたは、

「こんなつもりじゃなかったのに。どうして、こんな人生になってしまったんだろう」

そうつぶやきながら、過去を振り返るのです。

あのとき○○していれば、今頃は……

「もし、あのときこれではなくて、**あれを選択していたら**」

誰もが一度は、そう思ったことがあるかもしれません。

「あのときもう少し考えて、**結論を急がずにいたら、**もっとよい方向へ行っていたかもしれないのに」

「もしあのとき、**家族の反対を押し切ってでも行動していたら、**こんなふうにはならなかったに違いないんだ」

「どうしてあのとき、別れてしまったんだろう。もし、**あのまま付き合ってい**

たら、こんなに後悔することはなかったのに」

「もし、あのとき、**B社ではなくA社を選択していたら**、今頃、バリバリ仕事をしていたはずなのに」

などと、過去を後悔しながら、自分を責めたり、相手や第三者を責めたり、環境を悔《く》やんだり、運命を恨《うら》んだりしている人も少なくないでしょう。

それでもやっぱり後悔することに

けれども、それはどうでしょうか？

仮にあなたがタイムマシンに乗って、あなたが思う人生の岐路《きろ》で「もし、あのとき」に戻って、違った選択をしたとしましょう。

それでもやっぱりあなたは、「今のあなた」のように、「もし、あのとき」と、過去の選択を悔やんだり恨んだりしているに違いありません。

あなたがどんなに過去に遡《さかのぼ》って、Aの選択をしようが、Bの選択をしようが、Cの選択をしようが、ほとんど今と変わらない結果になっているでしょう。

もっと別の人生もあったかもしれない……

なぜでしょうか。それは**あなたがそうやって今を後悔するのは、決してあなたの「過去の選択」が誤っていたことが問題ではない**からです。

「えっ？　選択の問題じゃないって、それはどういう意味ですか」

別のほうを選択しても、結局は同じ結果になっているだろう、ということです。

「えっ、でも、違った選択をするわけですから、違った人生になるんじゃないでしょうか」

例えばあなたの目の前にリンゴとミカンがあります。

このときあなたはリンゴを選びました。するとあなたは、選んだ直後から、

「このリンゴは酸《す》っぱい。ミカンのほうが甘かったかもしれない」

と考えます。

では反対にミカンを選びました。それでもあなたは、やっぱり、

「このミカンは酸っぱい。リンゴのほうが甘かったかもしれない」

と、選んだものの欠点を挙げては「選択しなかったほう」のことをうらやみます。このように、結局あなたはどっちを選んでも「後悔する」ことになるでしょう。

納得したくても納得できない

「じゃあ、自分の選んだものを『よかった』、と言えればいいんですね」

それだけではありません。例えばあなたは、今、

「この仕事を選んで、本当によかった」

「この人を選んで、とても幸せだ」

「こちらを選択して、非常に満足している」

と堂々と胸を張って言い切ることはできますか。

それとも、

「やっぱり、このままじゃあ、嫌だ」

「もう、これ以上、我慢して生きるのは嫌だ」

後悔してもしかたがないと自分に言い聞かせても、やっぱり、

「このまま、一生を終えてしまうなんて、絶対に受け入れられない」

「いつまで、こんな気持ちを抱えて、生きていかなければならないんだろうか」

「あの人は自分の望むものをすべて、手に入れているのに、私は……」

などと今の家庭環境、生活環境、職場環境、社会環境の中で、すでに過ぎ去ってしまった出来事を後悔しながら、諦めきれない思いで胸をいっぱいにさせているでしょうか。

もしあなたが、こんなふうに過去を激しく後悔したり、今の自分の環境や状況を恨めしく思ったりしながらも、まだ、諦められない気持ちでいっぱいになってしまうとしたら、それは、「過去の選択が誤っていた」からではありません。

なぜなら、**あなたがそれを選択したのは、まさに「それを選択した理由」があるから**です。過去にどんな選択をしたとしても、やっぱりあなたは、今のような状況を引き起こしていたでしょう。

あなたは、どんな状況にあっても、それを選択せざるを得なかった。あるいは、あなたは、どんな選択をしても、結局は似たような状況に直面しているだろう、と言える明らかな理由があるからなのです。

2　不満がくすぶるのにはワケがある

その選択、思考からスタートしてませんか？

どんな理由があるのだろうとあなたは思うでしょう。

もしかしたら、これまでの人生で薄々、「そうだろうな」と気づいている人もいるに違いありません。

その最たる理由は、**「恐れ」**です。あなたの心の奥に潜《ひそ》む「恐れ」が、結局は、似たような状況や結果を導き出すからなのです。

かなり古い時代の話ですが、

「男は、人前で涙を見せてはいけない」

「結婚したら、最後まで添い遂《と》げなければならない」

「女が結婚したら、婚家の親を、本当の親と思って尽くさなければならない」

などと、親が息子、娘に言い含めていた時代がありました。

「なんと、古くさい考え方なんだろう」

とあなたは思いますか？　確かにそうですね。

でも、自分に強制しているという点ではどうでしょうか。

それが古い風習というだけであって、**「いけない」という禁止の意識や、「しなければならない」という義務や強制の意識は、今でも、まったく変わっていないのではないでしょうか。**

むしろ、情報や言語や思考を重視する左脳社会にあっては、いっそう強くなっています。それがあなたを苦しめているにもかかわらず、気がついていないかもしれません。

「〜しなければならない」という思考

例えば、「社会人になったら、必ず仕事をしなければならない」とあなたは思い込んでいませんか。仕事をしていないと、**「自分はダメだ」**と、自分に

〝失格〟レッテルを貼《は》ったりしていませんか。

「楽《らく》をしてはいけない。しっかりと働かなければならない」「怠《なま》けてはいけない。さぼってはいけない。休んではいけない」などと考えていませんか。あるいは、人と比較して、**「あの人はできるのに、私はできない」**などと、自分を責めたりしていませんか。

これらはすべて〝恐れを生み出す〟思考です。

これもそうです。

「あの人は、みんなと打ち解け合って、親しそうにしている。それなのに私は、まだ誰も親しい人がいない……」

「友だちはみんな、仕事をして結婚して、もう子どもまでいるのに、自分は、まだ、何をしたらいいかも、見えていない」

というふうに周囲と自分を比べてあなたが惨《みじ》めな気持ちになるとしたら、それは、あなたがそんな「思考」をするからです。

あなたがそうやって、自分を追い込んだり、苦しめたり、問題を深刻化させていってしまうとき、そんな思考を〝自動的〟に導き出す決定的な思い込みがあります。

それは「しなければならない」という思い込みです。

「～したほうがいい」という思考

「したほうがいい」も同じです。

「仕事に有利だから、語学を学んでいたほうがいい」

「将来のために、この資格を取っておいたほうがいい」

この「したほうがいい」という思考を基準にすると、

「自分にとって、どうしたほうがいいんだろうか」

「将来のためには、どっちのほうが適切なんだろうか」

「どれを選んだほうが、自分を活《い》かせるのだろうか」

などと、頭でいろいろ考え始めるでしょう。どれも「どうしたほうがいいんだろうか」という思考からスタートしています。

「しなければならない」あるいは「したほうがいい」のどちらも、恐れを生み出す思考なのです。

自分の感情、意志。すべてシャットアウト

「ええ、確かにこんな思考をしてしまいがちです。しかし、どうしてそれが、恐れを生むんですか？」

と怪訝《けげん》に思うかもしれません。けれども、あなたがそんなふうに思考に囚《とら》われているとき、あなたの気持ちや感情はどうなっているでしょうか。

思考に囚われているとき、あなたは、**自分がそれを「したいのか、したくないのか」あるいは「好きなのか、嫌いなのか」といった自分の気持ちや感情を無視しています**。人によっては、自分が、感情を無視していることにすら気づかないかもしれません。

実は、そうやって自分の感情を無視していることが、恐れを生む最大の理由なのです。

3 行動するのがどんどん怖くなる

語学や習い事。やるなら「最後まで」

さらにもっと「恐れ」を増大させる思考があります。それは、「これをすると決めたら、最後までやり遂げなければならない」

お茶、お花、踊りといった稽古事《けいこごと》、ヨガ、ダンス、瞑想《めいそう》、水泳、柔道、剣道、ボクシング、太極拳《たいきょくけん》といった習い事、英語、フランス語、韓国語、中国語といった語学、パソコン教室、カルチャーセンター、専門知識や技術を教える○○学院といったところに通い始めたら、

「最後までやり遂げなければならない」

そんなあなたが途中で、それをやめてしまったとき、あなたは自分にどんな言葉を投げかけるでしょうか。

「ああ、またやめてしまった」

「また、途中で投げ出してしまった」

「〝今度こそは〟と決心したのに、どうしても長続きしない」

といった言葉をつぶやいていませんか。

そして、

「ああ、私ってダメだなあ」

「何をやっても、長く続かないんだから」

などと、自分を責めることになるでしょう。

そもそもどこまでやればOKなの？

では、あなたが考えている「最後までやり遂げなければならない」の具体的な期間はいつまでですか。上達のレベルはどこまでですか。

例えば、生け花をどこまでやれば〝やり遂げた〟ことになるのでしょうか。英語をどこまでやればやり遂げたことになるのでしょうか。

どこまでやれば遂げたことになるのか、**自分の中に明確なレベルを設定せずに、「やり遂げなければならない」と思い込んでいるとしたら、どの時点でやめても挫折感《ざせつかん》を覚える**のではないでしょうか。

もちろん、それらにカリキュラムがあるとしたら、それを修了すればやり遂げたことになるのかもしれません。修了することを目指せば、それが学ぶ励《はげ》みとなるでしょうから、悪いわけではありません。

けれども、その修了を「やり遂げたかどうか」の基準にするという捉《とら》え方そのものを、あなたはどう思いますか。

もしかしたらあなたは、こんなことにすら、疑問を抱いたことがないのかもしれません。でもこんなふうに改めて掘り起こしてみると、心の片隅で薄々、感じていることではないでしょうか。

これが恐れと、どう関係してくるのでしょうか。

ではもう一歩踏み込んで、自分に問うてみましょう。

あなたはそれをどんな動機で選びましたか?

「これからは、社内も国際的になって、英会話は必須《ひっす》になるから」

ダメだ私。何をやっても続かない！

という動機ですか。

「みんながやっているので、私もこれぐらい、常識だから」

「何か勉強をしていないと、後れをとるような気がするから」

人によっては、

「青春を謳歌《おうか》するには、新しいものに挑戦しなければならない」

あるいは、

「デートするときは、必ず、気の利《き》いたコースを用意しなければならない」

といったふうに、青春の謳歌の仕方やデートの仕方まで、**マニュアル通りに「しなければならない」になってしまっている**人もいます。

失敗するのは確実。怖くて当たり前

もう気づいたのではないでしょうか。

「～しなければならない」

「～すべきだ」

「～したほうがいい」

これらのすべてが「思考」です。しかもこれは、あなたが自分の感情を基準にして決めたことではなく、自分以外の、いわば「借り物」を基準にしています。

こんな借り物の思考を、あなたの意識のコンピュータに入力設定するとします。

さらに「これをすると決めたら、最後までやり遂げなければならない」と入力設定します。

けれども途中で、あなたは設定通りのことが実行できなくなりました。

あなたというコンピュータは、どんな言葉をはじき出すでしょうか。恐らく、

「私はダメだ。能力がない」

「いくつも挑戦したが、いつも最後までできたためしがない」

あるいは「根気がない。根性がない。忍耐力がない。継続性がない」など

と、**自分を責める言葉ばかりが自動的に口をついて出てくる**でしょう。

これほど不合理な話はありません。

これを「成功か失敗か」で言うと、「成功」は唯一、最後までやり遂げたときになります。それ以外は、すべて失敗となってしまうでしょう。

しかも「最後まで」も何も、もともとゴールすら存在していません。それでいて、幻のゴールを目指し、そこに到達しなければすべて「失敗」となるのですから。

あなたの人生にこんな「思考」が入力設定されていれば、それだけで、あなたはもろもろのことに積極的に臨《のぞ》むのが怖くなるでしょう。

なぜなら**行動しようとするたびに、「もし失敗したら」という思考が、自動的に生まれてしまう**からです。

強調しておきたいのですが、〝自動的な思考〟で、恐れが生まれるのです。

4 自分の感情を基準にしていますか？

「したい・したくない」で決めると

では試しに、〝あなた〟というコンピュータに、「したい・したくない」という自分の気持ちや感情を基準にするという入力設定をすると、どうなっていくでしょうか。

「私は、これが好きだから、したい」

「私は、これをするのが楽しいから、したい」

こんな自分の気持ちや感情を中心にして、**「これをしたいから、する」**という自分の欲求を満たしてあげれば、まず、それだけで満足します。

では、**「これをしたくないから、しない」**はどうでしょうか。

「私は、休んでいたいから、しない」

「私は、Aが好きだから、Bはしない」
「私は、これを引き受けるとつらくなるから、断ろう」
もしあなたが「しなければならない」から解放されていれば、そんな「しない」という選択も、気持ちよく受け入れることができるでしょう。

どんな選択をしても満足できる

さらに「それをして」いて、**「これをしたいから、し続ける」**にも、満足があります。

自分の感情を基準にするという入力設定が明確であればあるほど、「これをしたくなくなったから、やめる」も、自分を責める材料とはなり得ないでしょう。

むしろ、**「したくなくなったから、やめる」**という場合でも、

- 私は自分の「やめたい」という〝気持ち〟を受け入れることができて、うれしい
- 私は「やめる」という〝意志〟を持てる自分が、誇らしい

・私は、実際に「やめる」という〝行動〟ができて、よかった

というふうに、自分の選択を、肯定的に受けとめることができます。

このように、**借り物の思考からスタートするか、自分の感情からスタートするかで、自分に対する評価がまるっきり正反対になってしまいます。**

それだけではありません。借り物を自分の人生の指標にすると、蜘蛛《くも》の子が孵化《ふか》するような勢いで恐れが生まれてくるのです。

でも周りとモメそう。何だか怖い!?

こんなふうに書くと、

「なるほど、そうかあ。じゃあ、もっと自分の感情を中心にしよう」

と納得する人もいれば、

「でも、しなければならないことって、世の中にたくさんありますよ」

と反駁《はんばく》したくなったり、

「自分の気持ちや感情で決めていたら、世の中、わがまま放題、やりたい放題

の人間ばかりで溢《あふ》れて、あちこちで争いが勃発《ぼっぱつ》してしまいますよ。ただでさえ、身勝手な人ばかりが増えているんですから」

などと感情的になったり、腹が立ってくる人も少なくないでしょう。

もしあなたが、前者ではなく、後者のようについ感情的になるとしたら、その「感情的になってしまう」意識の中に、〝恐れがある〟と気づいていますか？

どうしてあなたは、そんなふうに感情的になってしまうのでしょうか。

一つは、まさにあなたが自覚しているように「我慢〝しなければならない〟」と思っているからでしょう。**あなたは「我慢したくない」と感情で感じつつも、思考で「我慢しなければならない」と思い込んでいます。**

さらに、あなたが即座に「争いが勃発してしまう」と感情的になって言いたくなったのは、我慢できずに感情を爆発させて、相手と争いになって、何度も傷ついた経験があるからではないでしょうか。

少なくともあなたは、「自分中心」になって自分の感情を優先すると「争いになる」と信じ込んでいて、そうなることを〝恐れている〟はずです。

5 我慢すると人間関係は行き詰まる

極限まで耐える人。ハタから見ると……

あるセミナーを開催しているとき、いきなり、**「『我慢しなくてもいい』なんて言われても、そんなの無理ですっ!! 自分の感情を抑えていないと、争いになって、人間関係が壊れてしまうじゃないですか」**と、ものすごい剣幕《けんまく》でくってかかってきた人がいました。

一瞬、彼女のその強《こわ》ばった表情と怒った声に、部屋の空気が凍《い》てつきました。

嫌な相手でも、苦手な相手でも付き合わなければならない。つらい職場でも自分を抑えて我慢しなければならない。相手に腹が立っても、それを表に出してはいけない。そうしないと、争いばっかり起こる。まさに「他者中心」の発想です。

彼女の経験からすると、そうなのでしょう。

けれども、それはあくまでも彼女の経験です。

具体的にはどんなことが起こったのか、わかりません。

仮に相手がどんなに彼女の主張通りの極悪人だとしても、それでも、彼女が経験する体験は、「彼女と相手」との関係で起こっています。彼女の目から相手を見ると、相手がそれを引き起こしているように映っても、相手の目からは、彼女がそれを引き起こしていると映っているでしょう。

彼女の目には相手しか映っていませんが、その出来事は、彼女自身の言動があって起こっていることでもあるのです。

これが「関係性」なのです。

悲しみ、怒り、怯《おび》え。戦闘モード全開

「どんなことがあったんですか」

と私が尋ねると、

けっこう、溜まってるみたい……

「えっ、どんなことって、何がですかっ」

と、その口調もまた怒っています。

「それだけ言われても、私には、何が起こっているのか、わからないので、アドバイスしたくてもできないんですね。どんなことがあったのか、具体的に言っていただけませんか」

その問いに答えて「具体的な出来事」を話し始めました。が、そのとき目にしたのは、**いかに相手が悪いかを、必死に訴えてさらに怒りをエスカレートさせていく**彼女の姿でした。

このとき、本当は、彼女が攻撃的に言ってしまうその口調や態度をテーマにして話を進めてもよかったのですが、怒りに震える彼女の瞳《ひとみ》のその奥に、悲しみや恐れや怯えの色が見えていたので、彼女の耳には届かないだろうな、と判断しました。

多分これをテーマにしていけば、彼女自身が、自分の中の恐怖と戦わなければならない状況に陥《おちい》っていたでしょう。

お互い「相手のせいで」とイライラ

恐らく彼女は「自分が我慢している」と信じているので、**自分の言動が、相手にどういうふうに伝わっているのか、気づいていなかった**に違いありません。

「相手のせいでこうなった」という思いに囚われている人たちに、しばしば見られる傾向です。すでにその「相手のせいで」というふうに、他者に囚われて思考する「他者中心」の意識が、自分の目を曇《くも》らせています。

自分がどんな状況を引き寄せているのか。自分がどんな態度をとっているのか。どんな表情をし、どんな言動をとっているのか。そのすべてが、相手に影響を与えている相互作用です。これが「関係性」なのです。

一つの事象がこんな「関係性」で成り立っているのだとしたら、相手が変わっても、その「関係性」は変わります。もちろん〝私〟が変わっても、その「関係性」は変わります。

相手もあなたも、お互いに、

「あなたが不愉快な態度をとるから、私もあなたに対して、不愉快な対応をしたくなるのよ」

そう思っています。

もしこのとき、相手に変わるようにと要求したり強制すれば、それこそ、恐れている通りに、争って「傷つくのが怖い」状況になっていくでしょう。

だったら、自分自身を「そんな恐れから解放するため」に、あるいは「大事にするため。守るため」にという「自分中心」の視点に立って、自分を育てることに精力を注いだほうが、より努力する価値を見出《みいだ》せるように思うのですが、いかがでしょうか。

6 争いたくないのに争ってしまう心理

「相手が悪い」という思いが募《つの》ると

どうして、争ってまで、相手に変わるように要求してしまうのでしょうか。

もちろんそれは、前記したように、「相手のせいで」と思っているからでしょう。

「相手のほうが悪いのに、どうして、私が変わらなければならないのよ」

相手を責める人たちの常套句《じょうとうく》です。

では、もう一度、

「相手のせいでこうなった。相手のほうが悪いんだ。相手が悪い。相手が悪い」

こんなふうにつぶやくと、今、どんな気持ちになりますか。

頭の中も心の中も、「相手が悪い」でいっぱいになっています。

そのとき、あなたが心の中で責めている張本人が、あなたの傍《そば》にやってきました。その瞬間、あなたは、

「感情を抑えていないと、争いになって、人間関係が壊れてしまう」

そんな恐れから、自分の感情を抑えます。

そんな心の状態のまま「我慢している相手。腹が立つ相手」に対して、

「いつもありがとうございます。助かっています」

などと、〝心から〟感謝の言葉を述べることができるでしょうか。

まず〝心から〟なんて無理でしょう。

隠してもなぜか伝わってしまう

あなたがどんなに争いにならないように腐心《ふしん》して、自分の気持ちを隠していても、すでにその時点で、あなたの心は、あなたの態度や表情に表れています。

しかも、非常に矛盾した複雑な表情や態度をとっています。

あなたは「言うと人間関係が壊れてしまう」と恐れて争いを避けようとして

います。その一方で、心の中では「相手のせいで」と相手を否定したり責めたり、腹を立てたりしています。

あなたがどんなに自分を隠しても、そんな思いが、あなたの身構えた態度、硬直した表情、怒《いか》らせた肩、戦いを恐れる瞳、不満を表した唇《くちびる》や怯えたように震える唇というふうに、あなたの態度や表情に表れています。

争いを恐れながら、同時に、心の中で争いを仕掛けているのです。

相手はそんなあなたの状態を素早くキャッチして、それに反応しているのです。

すでに水面下で戦いは始まっている

もちろん、相手もあなたと同じような心理状態でいれば、あなたと同じような態度や表情をとるでしょう。

あなたの目から見ると、相手のそんな態度や表情が、「私を避けている。私に不満を抱いている。私を嫌っている。私に敵意を抱いている。私を拒絶して

できれば敵に回したくない相手だし

いる」といったふうに映るかもしれません。

このときあなたが相手の表情や態度に反応して否定的な気持ちを抱けば、同様に、相手に対して「否定的な表情や態度」を無意識にとっていくでしょう。

また、自分ではそれらの感情を抑えているつもりでも、作為的にドアを荒々しく閉めたり、相手と視線が合いそうになると逸《そ》らしたり、デスクの上にあるものを乱暴に扱ったり、素っ気ない返事をしたりして、

「私は、腹を立てているんだ」

ということを態度で相手にわからせようとしたりもしているでしょう。

むろん相手もそれをキャッチして不快に思うというふうに、「不快のキャッチボール」を始めるのです。

だから、実際のところ、どちらが発信源かはわかりません。

ただ、どちらが発信源であっても、「私と相手」の相互作用がそんな「関係性」を築いていきます。つまり、**お互いに、お互いを怪物だと思って、すごい形相で怯えながら戦おうとしているようなもの**です。

「争いを恐れながら戦いを挑《いど》んでいる」状態なのです。

7 どんなに辛抱しても楽になれない

傷つきたくないから我慢。我慢するから怖い

　では、どうしてあなたはそんなふうに、「相手のせいで」という強い感情に囚われるようになっていったのでしょうか。しかも、そうであるにもかかわらず、相手と争いになるから我慢しなければならないと、〝強く〟思っています。

　ところが、本当はあなたがそうやって**我慢するからこそ恐怖が募り、その恐怖から、いっそう「相手が悪い」になってしまう**という悪循環に、あなたは気づいているでしょうか。

　前出の女性が、

「嫌な相手でも、苦手な相手でも付き合わなければならない。つらい職場でも自分を抑えて我慢しなければならない。相手に腹が立っても、それを表に出し

てはいけない」

と思い込んでいるように、実は、〝しなければならない〟〝してはいけない〟という思考を、自分の頭のコンピュータに入力設定しているから、いっそう恐れをエスカレートさせていると言えるのです。

いつか大ゲンカになる、という予感

「相手が悪い」という思いを募らせつつも我慢していると、心の中で、相手に向かって何と言っているでしょうか。

「あんたなんか、とっととクビになってしまえばいいのよ」

「どうして、こんな無能な人間が、上司としてのさばっていられるんだか」

「心にもないことを、よくもあんなに平気な顔して言えるもんだわ」

「自分では頭がいいと思っているんだから、笑っちゃうわよね」

「こんな奴《やつ》、さっさと○○しちゃえばいいんだよ」

というふうに、とても相手に面と向かっては言えないようなひどい言葉を繰り返しているはずです。争いにこそなっていないけれども、**相手と争うのを恐れながら我慢するからこそ、こんな言葉が泡立つように生まれる**のです。

もちろん、相手に面と向かって言えば、争いになるのは必至でしょう。

しかし我慢できなくなったときにはすでに遅し。感情を爆発させてしまうために、普段から心の中で相手を繰り返し責めていた言葉が飛び出しています。相手のほうも、心の中で似たような言葉を繰り返していますから、言ったが最後、熾烈《しれつ》な争いとなって、傷つけ合うことになるでしょう。

相手をやりこめて傷つけても、自分も傷つきます。

それが怖いから、あなたは「我慢しなければならない」と自分に言い聞かせているのです。

それでも「何もできない私」って……

ところで、「相手が悪い」という気持ちになって、「他者中心」の意識で相手を責めれば責めるほど、あなたはいっそう傷ついていくでしょう。

どうして、〝いっそう傷つく〟のでしょうか。

「どんなに苦しんでも、どんなに悩んでも、どうにもならないんですよ。責めないではいられません！」

あなたはそう叫びたくなるかもしれません。

もちろんあなたは傷ついています。けれども、あなたが自分をいっそう傷つけるのは、相手を責めるからでもあるのです。

実は、あなたがそうやって、「責めないではいられません」と言いたくなるような状態そのものが、

「私は、自分のことなのに、自分を守ることができない。私は、私が直面するさまざまな出来事に対して、何もできない、無力な存在なんだ」

と、絶えず自分にこんなメッセージを送っていることにもなるからなのです。

8 いつかスイッチが入って大爆発!?

「戦うか・逃げるか」の極限状態

あなたは自分が「傷つく」ことに耐えられません。

けれども、あなたには、「傷つく」よりも〝もっと怖い〟ものがあります。

それは、**相手と〝争うことになる〟という恐怖**です。

脳幹には「戦うか・逃げるか」という反応をする自律神経があります。戦闘モードになると、この脳幹にスイッチが入ります。

争っている最中は、恐怖心が麻痺《まひ》してしまうので、怖いと感じないかもしれません。怖いものは人それぞれですが、例えば、突発的なアクシデントで命が助かった後に、恐怖心が襲ってきたりします。

怖い相手と向き合って主張した後、緊張してプレゼンした後、身体が震える。こういったことを体験したり、聞いたりしたことはありませんか？

生命の危機というのは、人間にとって最も恐怖をもたらすものです。脳幹は、私たちの生命そのものを維持する装置です。**「戦うか・逃げるか」という反応をしているときは、この「生命の危機」に直面して、恐怖を覚えているということです。**

一般的な日常生活で、とりわけ人間関係においては、「生命の危機」がもたらされるようなことは滅多にありません。にもかかわらず、戦闘モードになると、「戦う」ということだけで、生命の危険を覚えるような恐怖を抱いてしまいます。それは私たちの脳に、動物からヒトへと進化していった弱肉強食時代の記憶が、遺伝子にインプットされているからなのではないでしょうか。

そんな生命の恐怖と重なって、「傷つくのが怖い」という反応が起こるほど、私たちの恐怖は根源的なものなのです。

「争う」というのは、そういうことなのです。

争うのも、負けるのも、降りるのも、怖い

実際には、争いになるのを〝恐れて〟我慢しています。それでも、しばしば恐れていた通りに争いが起こるのは、すでに水面下で心理戦を展開させているからです。

どんなに「しなければならない」という思考で自分を抑え込んでも、「我慢ならない。許しがたい。腹が立つ。耐えがたい」といった「感情」を思考で打ち負かすことはできません。

すでにそうなっている状態ですので、それが表面化するのは、時間の問題と言えるでしょう。**我慢するというのは、結局は、そうやって争いの時期を延ばしているだけにすぎない**と言えるのです。

「我慢できない。耐え難い」といった苦痛の感情は、時として「争うのが怖い」という恐怖心すらも乗り越えてしまうのです。

しかもひとたび争うと、降りることができません。

戦闘モードになっている人たちは、争いから降りることを、「降りる」とは

解釈しません。

「私は、負けた。私は敵前逃亡した」

彼らにとって、それは完全なる敗北です。

「戦う人たち」にとって、〝完敗する〟というのは相手に全面降伏することですから、最も怖いことが起こるという**〝負ける恐怖〟**を感じています。

争うのも怖い。負けるのも怖い。降りるのも怖い。そう感じているのです。

戦うことでしか自分を守れなくなる

多くの人がそうであるようにあなたも、さまざまなトラブルや問題は、相手だけが悪いわけではなくて、「自分もその担《にな》い手《て》である」ということは、頭ではわかっているはずです。

でも自分の感情が、それを認めることを許しません。

どうしてでしょうか。

認めるわけにいかない理由があるのです。

どうしよう。今さら降りるに降りられない

　それは、認めるのが怖いからです。

　とりわけ「白か黒」の二極化思考で判定を下したい人にとっては、**「相手が悪くない」とすれば、「私が悪い」**という公式になってしまいます。

　それを認めてしまうと、これまでずっと「相手が悪い」と信じることで構築していた心の建造物が、足下から崩れてしまいます。

　そうなると途端にあなたは拠《よ》り所《どころ》を失い、どうしたらいいかわからず混乱していくでしょう。

　戦っているうちは、恐怖から目を逸らしていられました。しかし、戦いそのものの根拠をなくしてしまえば、残

るのは、恐怖だけです。

だから、認めるわけにはいかないのです。


認めるというのは、「戦い」をやめざるを得ないということです。

武器を捨ててしまうということです。


「相手が悪い」と信じて、戦うことでしか自分の心のバランスを保てない人にとって、武器を捨ててしまえば何が残るでしょうか。

相手を心の中で責めたり、戦ったりすることでしか〝自分を守る方法〟を知りません。そんな人が武器を捨てざるを得なくなったら、残るのは**〝自分を守れない恐怖〟**だけでしょう。

こんなふうに、どんなに思考で「しなければならない」と考えたり、我慢して冷静であろうとしても、「感情」を基準にしないと、かえって恐怖を現実化させてしまうような状況を引き起こすだけでなく、さまざまな恐怖に囚われていくのです。

しかもその大半は、自分が勝手に作り出した恐怖なのです。

第 2 章

本当は誰だって「傷つきたくない」と感じてる

1 相手はどういうつもりなの？

勝手に憶測《おくそく》。無理やり納得

大きな恐れを抱えた人たちの大半は「他者中心」に陥《おちい》っています。

他者中心であるために、

「彼が怒っているのは、どうしてだろう」

「上司が不機嫌なのは、この前のミスが原因なのだろうか」

「相手が私に冷たい態度をとるのは、この前のことが理由ではなかろうか」

などと**恐れながら**、**相手の心を憶測しよう**とします。さらに、

「きっと、何かあって、虫の居所が悪かったんだろう」

「私が悪いんだから、しかたがないか」

「自分のやり方がまずかったのだから、怒るのも無理ないか」

ご機嫌悪そう。これって私のせい？

など、**憶測した相手に対して、無理やり理解を示そうと**します。

こんな分析も得意です。

「あの人は、いちいち注文をつけてきて、ほんとに、うるさくてしかたがない。私が気にくわないんだろうけど、自分の手際が悪いってことには全然気がついていないんだから」

「彼女が素っ気ないのは、この前のことをまだ根に持っているからだろうけど、普通だったら、自分も悪かったって、反省するもんだよな」

面と向かって言うのは怖いから

けれども、あなたがそうやって相手の心を憶測したり、分析したりしてしまうのはどうしてだと思いますか。

それは、そうやって相手の心を探ろうとするあなたの心の裏に、**「行動するのが怖い」という"恐れ"**が隠れているからです。仮にあなたが、

「普通だったら、あっちのほうから謝るべきなのに、どうしてあんな非常識な態度がとれるんだろうか。絶対に許せない」

などと見えないところで腹を立てているとしても、そんな相手にあなたが面と向かって言えないことが、あなたの恐れを物語っています。

「言ってしまうと、相手と争いになるんじゃないだろうか」
「相手に嫌われるんじゃないだろうか」
「傷ついたり傷つけ合ったりするのではないだろうか」
「これ以上、険悪な関係になったらどうしよう」

など考えて「自分から行動する」ことに恐れを抱いています。だから、**行動しないで済むように、頭で何とか処理しよう**としているのです。

クセになっている人は、要注意

もちろん、相手を恐れてしまう理由はそれだけではありません。あなたは気づいていないかもしれませんが、あなたがこれまで育ってきた環境が大きく影響しています。

例えば幼い頃、あなたが親に「私はこうしたい。あれをしてみたい」という欲求や願望を伝えたとき、

「そうか、わかった。じゃあ、どういう方法で、それを叶《かな》えていこうか」

というふうに、あなたの思いを受けとめたり認めるような返事が返ってきていたでしょうか。それとも、

「やめなさい。無理だ。ダメだ、我慢しなさい。どうして我慢できないんだ」

などと拒否されたり、否定されたりしていましたか。

あなたがもろもろのことで傷ついてしまったときはどうでしょうか。

自分の気持ちを訴えているとき、親はあなたの言うことにじっくりと耳を傾けて、

「そうかあ、そんなことがあったんだ。それは傷ついたわねえ。よく頑張ったね。でも、あなたが自分の気持ちを言ってくれたので、私はほっとしたなあ。ありがとうね。つらいときは、いつでも言ってきてね」

などと、あなたが愛情を感じて安心するような言葉掛けをしてくれましたか。

それとも、あなたは自分の気持ちを表現するどころか、間髪《かんはつ》を容《い》れず、

「そんなことぐらいでメソメソして、どうするのよ」

「悔《くや》しかったら、お前もやり返せばいいじゃないか」

などと一方的にばっさりと切り捨てられて、傷ついている上に、さらに親の言葉に傷ついたということはないでしょうか。

2 そのパターンは、幼い頃に作られた

恐怖に支配された環境で育つと

私たちはそれぞれに、それぞれ固有の社会観、価値観、言動パターンを持っています。

なかでも**あなた固有の言動パターンは、大人になってから獲得したものだけではありません**。むしろ、生まれたときからの家庭環境、教育環境、社会環境が大きく影響しています。とりわけ家庭は、同じ毎日の繰り返しです。

例えば、あなたの父親なり母親なりが一方的に感情的になって叱《しか》ったり、怒鳴ったりしていれば、あなたは「怖い」という恐怖を覚えます。幼ければ幼いほど、そんな場面は、大きな恐怖として感じられるでしょう。

もしあなたがたびたびそんな恐怖を体験すれば、その怯《おび》えから条件反射的に

身体が萎縮《いしゅく》するようになってしまうかもしれません。

心と同時に、身体もその恐怖に反応してしまうのです。衝撃が大きければ、一度の経験であっても、トラウマとして心に深く刻まれる可能性もあるでしょう。

大人になっても忘れられない

それだけではありません。

毎日の生活の中でこんな恐怖に絶えず晒《さら》されて生きてきた人は、**家族に対してだけでなく、「家族以外の人」に対しても恐怖を抱くようになる**というふうに、恐怖の範囲が拡大していきます。

ほとんどの家庭では、極端な虐待《ぎゃくたい》があるわけではありません。それぞれが、自分たちの家庭は、ごく普通の平均的な家庭だと思っているでしょう。

けれども、日々の出来事を観察していくと、ある家庭では、日常茶飯事《にちじょうさはんじ》に家族同士が互いに争ったり口論したりして、罵声《ばせい》が飛び交っているかもしれま

どうして私、こんなに身構えちゃうの？

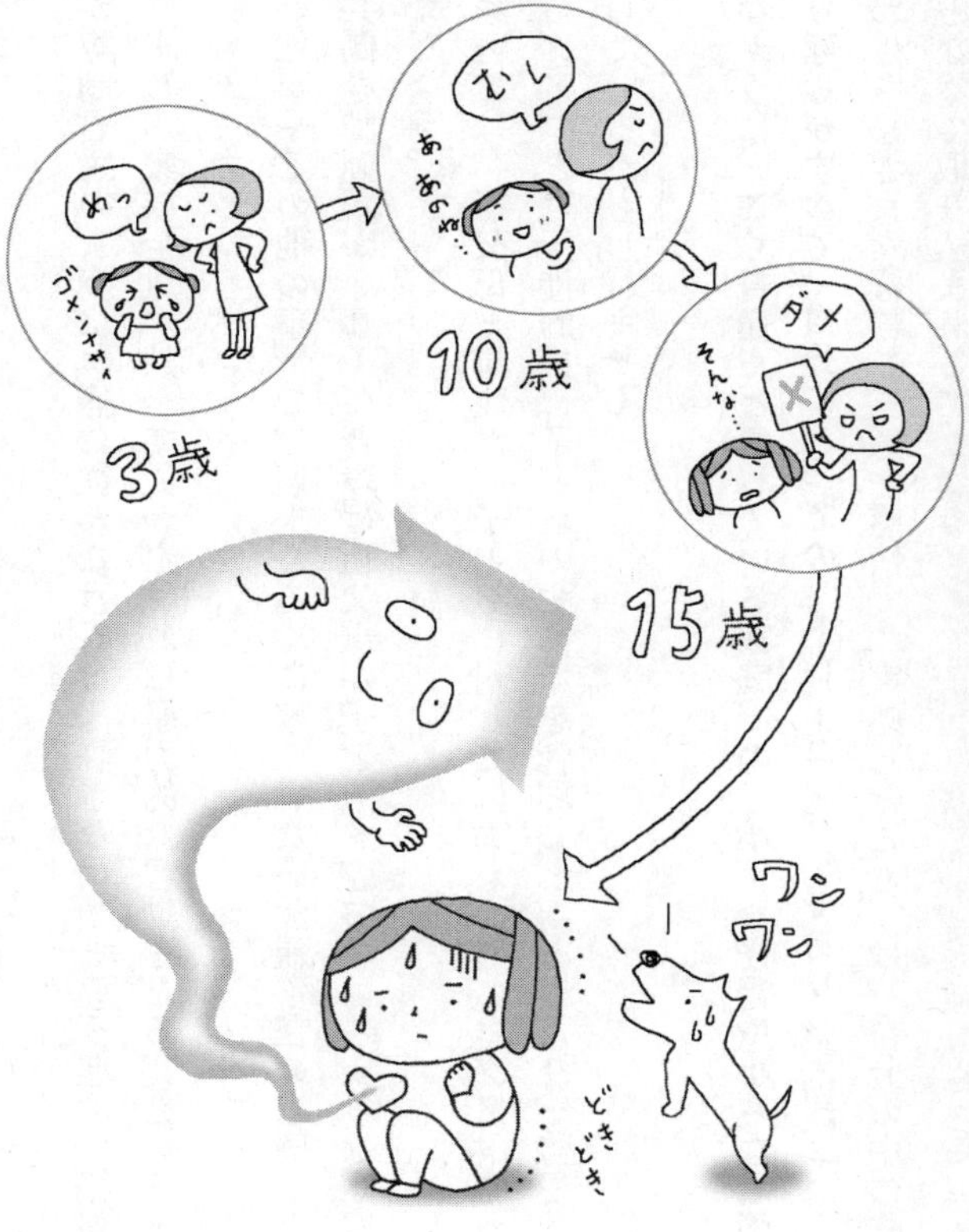

せん。

父親が専制君主のように「俺に従わなければ、許さない」という態度で絶対服従を要求し、家族全員が黙って従わなければ暴力的な言動をとる、というような家庭もあるでしょう。

父親が仕事やその他の事情で、週末もろくに家にいない父親不在の家庭、あるいは共働きで両親がいなくて普段は祖父母が子どもを育てているような家庭もあるでしょう。

ある家庭では、祖父母と母親が、子どもに対して「あれをしてはダメ。これをしたらダメ」と過干渉的に、子どものすべてを管理しようとしたり、監視しようとしているかもしれません。


こんなふうに、**ごく普通だと信じている家庭での、小さな光景や小さな場面での繰り返しがすべて、自分にとっての〝トレーニング〟であり〝学習〟**です。

とりわけさまざまな経験を五感や感情で〝実感したこと〟は、自分の中に強い印象となって取り込まれるでしょう。

社会は敵だらけの怖いところ⁉

家庭が温かい愛情と互いに尊重し合う自由な雰囲気に満ちていれば、その思いがそのまま社会に延長されていって、社会に対しても「安全で、平和なところ」という肯定的な社会観が育つでしょう。

反対に、あたかも戦場で生活しているかのように、絶えず争いやもめ事が勃《ぼっ》発《ぱっ》していれば、そのたびに恐怖を抱き、自分の環境に対して「危険に満ちた、怖いところ」という否定的な認識が生まれるでしょう。それがそのまま社会観へと移行していきます。

そのために、〝社会〟に対して、

「社会は危険に満ちている。だから自分の安全を確保するには、相手と戦って勝たなければならない。負けると怖いことになってしまう」

などと無意識に思い込んでいるに違いありません。

もしあなたが、そんな「社会で生き残るには、戦って勝たなければならない」などと固く信じていれば、自分がその時々で主張したり行動しようとするたびに、恐れを抱くことになるでしょう。

にもかかわらず、最初から「戦闘モード」で相手に臨《のぞ》むために、自分が恐れている通りの争いが起こる可能性も高くなっていきます。

このように、**恐れるゆえに、〝自ら恐怖を引き寄せる〟ことになる**のです。

けれども、今の社会は、大なり小なり、みんなが他者と対立しやすい「他者中心」の意識を持っているのかもしれません。

その結果、家族だけでなく〝社会の人〟あるいは〝人そのもの〟が怖くなって、自分の横に誰かが立っているだけで、「怖い」と反応して怯える人がいるのも頷《うなず》けます。

3 〝自動的に〟反応していませんか？

感じないことが当たり前の毎日

ごく日常的な家庭での、ありがちな光景です。

「ほら、ご飯よ。さっさと食べなさい。ほら、もうお風呂《ふろ》に入りなさい。ほら、急いで。ほら、明日は学校でしょう。宿題したの。ほら、もう寝る時間でしょう。いつまでテレビなんか観てるのよ。明日、遅刻しても知らないからね」

などと、一方的に急《せ》き立てられるような毎日ではありませんでしたか。

もしそうだとしたら、あなたは親に従いながらも、その都度《つど》、自分の気持ちを無視された苛立《いらだ》ちや憤懣《ふんまん》を覚え、傷つきます。

一日がそうやって慌ただしく流れていけば、次第にあなたは、自分がそんな気持ちを感じているということすら、意識にのぼらなくなってしまうかもしれません。

意識にのぼらなくなると、だんだん、それをするのが「当たり前」になっていきます。食事をするということな日常的な行為一つ取りあげても、

・朝になると起きるのが当たり前

・昼になると食事をするのが当たり前

・ご飯は三度三度食べるのが当たり前

・家族は一緒に食事をとるのが当たり前

こんなふうに、それをするのが当たり前の日常生活になっていきます。

もちろん、こんな習慣を否定しているわけではありません。けれども、それがあまりにも「当たり前」になってしまっているとしたら、どうでしょうか。

自分の気持ち無視の「他者中心」

自分中心心理学は、「他者中心」「自分中心」という概念を基本に、心理体系を構築しています。

他者中心は、「思考」に囚《とら》われて行動しがちです。
自分中心は、「自分の気持ち、感情、意志」を大事にした行動をとります。

例えば、朝起きる場面です。

同じ場面でも、他者中心と自分中心ではこんなふうに異なります。

まず「それをするのが当たり前」になっている他者中心の人は、朝の目覚めから、「起きるのが当たり前」でスタートするでしょう。朝の支度をしながら、行くのが当たり前ですから、次には「会社に行かなければならない」と〝自動的に〟思考しているかもしれません。

もしこのとき、体調が悪いと感じても、「どうすべきか」と迷い続けて、なかなか決断できないでしょう。仮に休んだとしても、

「行けば、何とか行けたのではないだろうか」

と自分を責めたり、何だか自分が**〝さぼっている〟ような気がして、罪悪感を覚える**でしょう。そのために、心から充分な休息をとることができないに違いありません。

自分の気持ち優先の「自分中心」

では、自分中心の人の場合はどうでしょうか。

自分中心の人は、目覚めのときには、

「ああ、朝かあ。気持ちがいいなあ」

と早朝の感覚や気分のほうに焦点が当たります。そして「さあ、起きよう」となります。

気分や感覚に焦点が当たるために、顔を洗っていても、トイレに行っても、お茶やコーヒーを飲むときも、朝食を食べているときも、その「今やっている」ことのほうに焦点が当たり、その感覚や気分を実感しています。

もちろんこのとき、「体調が悪いなあ」と感じれば、**「今日は休もう」と、“気持ちよく決断できる”**でしょう。早めに自分の気持ちを優先したほうがよい結果になると、経験的にも知っているからです。

そのために、罪悪感もありません。罪悪感を抱いていなければいないほど、気持ちよく、充分に休養できるので回復も早いでしょう。

あなたはどっちのタイプ？

自分中心の人

「朝だ。気持ちいいな」

「コーヒーおいしいな」

「さあ、会社に行こう」

他者中心の人

「朝は、起きるのが当たり前」

「コーヒーは、飲むのが当たり前」

「会社は行くのが当たり前」

体調が悪くて
会社を休む

罪悪感ナシ
気持ちよく休める

罪悪感アリ
ちっとも休まらない

同じ行動でも心の安定度は大違い

こんなふうに、他者中心と自分中心では、生き方が正反対のベクトルへと向かって離れていきます。

自分中心の人は、**同じことをしていても、プラスの感情やプラスの感覚を〝実感〟している分量が多い**でしょう。

他方、他者中心の人は「思考」に囚われつつも、人の指示や命令に自動的に反応して従ってしまうために、それが当たり前になっていきます。

当たり前になってしまうと、やがて、そうやって〝自動的に〟従っていることにすら、疑問を抱かない自分になっているかもしれません。

と同時に、自分の気持ちや感情に気づかなかったり、自分の意志すら置き去りにしているかもしれないのです。

4 また傷つけられる。そんなの怖い

無意識のうちに心は傷ついている

　どんなにあなたが、相手の言うことに自動的に反応していても、相手の指示や命令に気づかずに従っていても、あなたが自分の気持ちや意志を相手に奪われているとしたら、あなたの無意識はそのことに気づいています。

　相手から「そうしろ」と言われているわけではなく、あなたがいつの間にか自分で「しなければならない」と思い込んでいて、自動的に反応したり動いているとき、もしかしたらあなたは自分がそうすることを、無意識のところで苦痛に感じているかもしれません。

　仮にあなた自身が自分の気持ちや意志を無視しているせいで、それを苦痛であると気づかなかったり、苦痛に対して鈍感になっていたとしても、あなたの無意識は知っています。

そして、それらは自分の中に痛みとして残ります。

相手があなたを乱暴に扱ったり、あるいはあなたが自分自身を乱暴に扱えば、それをあなたが自覚していないとしても、**その痛みそのものが消えてしまった、というわけではない**のです。

例えばある家庭では、親が子どもの頭を小突《こづ》くのは当たり前になっています。たいした痛みではないので、子どもも慣れっこになっていて、それを心の傷として感じることはありません。

ある家庭では「お前はバカか」という言葉が、夫の口から日常茶飯事に飛び出します。妻はそれを不快に思いながらも、我慢して、心の中で舌打ちするぐらいしかできません。言い返せば、さらに何倍もの言葉が返ってきて、よけい傷つくだけだからです。**「これ以上、傷つきたくない」という恐れ**があるために、屈辱感《くつじょくかん》を覚えながらもそれを押し殺して我慢するのです。

日常生活のこんな小さな出来事でも、日々繰り返されれば、大きな痛みや恐れとなって蓄積していきます。

諦《あきら》め、恐れ、不信感でいっぱい

あなたは職場や家庭、あるいはさまざまな人間関係で、ふと、こんなふうに思っていたりしませんか。

「話したくても、どうせ、聞いてくれるはずがないので、言っても無駄だ」

「どんなに自分の意見を言っても、否定されるので傷つくだけだ」

「約束の日を楽しみに待っていても、どうせ破られるので、よけいつらい」

「どんなに期待しても、裏切られるだけだから、もう誰も信じられない」

もしあなたが、気づくと、そんな決意にも等しい思いをつぶやいているとしたら、そんな思いがどこで形成されていったか、疑問に思ったことはありませんか。

あなたはもしかしたら、「今あなたが関係している人」に対して、そう思ってしまう。「今起こっていること」に関して、そんなふうに思ってしまう。あなたの目には、そう映っているかもしれません。

確かにそれもあるでしょう。しかしそれは、**本当はもっと遡《さかのぼ》って、あなたの親子関係や家庭環境や生育環境に根ざしている思い**かもしれないのです。

例えばあなたの親が、過去において、

「お前は黙って、親の言うことを聞いていればいいんだ」

というような態度だったり、あなたの気持ちを聞こうとしなかったり、一方的に拒絶したり、否定したりしていれば、あなたは、社会においても、

「相手は私が何を言っても、どうせ聞いてくれないから、言うだけ傷つく」

と、最初から諦めてしまいやすい自分になっているかもしれません。

あるいは、

「相手は私が何か言おうとすると、すぐに頭ごなしに反論してくるから、怖い」

「私が何をどう言っても、反対するから、もう、話をするのも苦しい」

といったふうに、話すことそのものに恐れを抱いているかもしれません。

もしあなたが、相手と約束をしたとき、約束した直後から、

こんな心の反応がクセになってない？

「本当に、相手は約束を守ってくれるだろうか」

などと不安を抱いたり、恋人と付き合っていても、

「相手は、最後には、私を裏切るのではないだろうか」

という不信感に囚われているとしたら、あなたは、子どもの頃、楽しみにしていた約束を、両親が「仕事で忙しい。急に用事ができた」などという一方的な都合で、たびたびキャンセルされて傷ついたという経験があるのかもしれません。

こんなふうに、家庭の日々の過去の営《いとな》みが、社会や人に対する思いのひな形となっていきます。その過程で、何度も同じような方法で傷ついていれば、〝それ以上、傷つくことへの恐れ〟が心に深く刻み込まれているでしょう。

そんな**過去の恐れや痛みが、あなたの今の職場や家庭やさまざまな人間関係の一場面で、ふと顔をのぞかせる**のです。

そういった意味で、一つの場面でのあなたの思いや反応は、その場面だけでのことではありません。そんな一つの場面の背景にすら、あなたが育ってきた

歴史があって、その歴史も含めて、その場面で反応しているのかもしれないのです。

恐れは自分が作り出したもの

こんなふうに見ていくと、あなたが今感じているもろもろの恐れは、あなたの過去の経験に基づいて形成された恐怖であると気づくに違いありません。

例えば過去において、あなたの親がその時々で、

「あなたは、どう思うの？　どう感じるのかなあ。どうしたいんだろう」

などと「自分中心」の目が育つように反応していたら、あなたは、自分の気持ちや感情、欲求、思い、意志を大事にして、「自分を愛することができる」自分になっているはずです。

そんな自分の中には、自分がそれを欲求することへの罪悪感はありません。

自分の選択を認められるので、**「相手に認められないのではないか」という恐れ**はありません。

その選択も、自分が取れる責任を自覚した選択ができるので、**「過剰に責任を取ってしまう」ような恐れ**を抱かずに済みます。

自分の意志を気持ちよく認められるので、**「相手にそれを認めさせるために戦う」というような恐れ**も減ります。

「自分中心」になっていけばいくほど、〝戦って勝つ〟必要はないと体験的にわかってくるので、**〝戦って、勝たなければならない〟といった恐怖**からも解放されていきます。

このように、今あなたが感じているもろもろの〝恐れ〟は、もともとあったものではなく、過去の生活環境の中で作られた恐怖と言うことができるでしょう。

つまり、大半は本当の恐怖ではなく、**「自分が勝手に作り出した恐怖」**と言うことができるのです。

5 誰だって「怖い」と感じることはある

「死にたくない」……生命に直結する恐怖

大半が〝自分で作り出した恐怖である〟とするなら、本当の恐怖というのは、どういうものでしょうか。

それは「生命」を脅《おびや》かす恐怖ということではないでしょうか。

例えば、病気が進行して末期になれば死に至ります。怪我《けが》が悪化して死ぬこともあります。こんな死に直面する恐怖です。

失業状態が長く続いて仕事がなければ、文字通り「飢え死にする」恐怖を覚えるでしょう。

肉体の疾患《しっかん》や傷の痛みに対する恐怖もあります。

「孤独になるのが怖い、見捨てられるのが怖い」というのも、突き詰めれば、生命の存亡に関《かか》わります。とりわけ経済力のない幼い子どもにとっては、死に直結するような恐怖となるでしょう。

こういった、直接生命に関わる根源的な恐怖があります。「勝ち負け」を争っているとき、怪我をしたり死に至る場合もあります。

日常生活の一コマとしては、負けても実際に死に直結するわけではないのですが、そんな根源的な過去の記憶が、死に直結するような恐怖を呼び覚《さ》ますのではないでしょうか。

精神的苦痛がもたらす恐怖もあります。過去の体験のトラウマによる恐怖もそうでしょう。精神的苦痛によって起こる恐れは、直接生命を奪うものではありません。それでも、私たちは傷つくことを恐れます。

一見**「仲間外れになるのが怖い」**というのは、精神的恐れのように思うかもしれません。けれども、動物は群れて生活しています。群れから外れることは、死を意味します。本能を司《つかさど》っている脳幹が、そんな生命の危機の記憶を刺激するからではないでしょうか。

「自立するのが怖い」というのも同様です。自立には、精神的自立だけでなく、経済的自立もあります。もし、「自力で食べていく力がない」と信じていれば、文字通り生きていけません。

「離婚するのが怖い。一人で生活していくのが怖い」といった恐れも、普段は意識されないけれども、

「別れて一人になったら、生活していけるだろうか」

という不安が起こるように、生命の危機が想起されるからでしょう。

「変わりたいけど変われない」……現状維持バイアス

現状維持バイアスと呼ばれる心理メカニズムがあります。

これは、今の状態が変化することへの恐れです。変わりたいけれども、実行してよい方向へ変わる保証がないので動けない。仮に変わる保証があったとしても、**行動する段階になると、怖くて動けない**。

心が束縛《そくばく》されてしまっていると、ドアが開いていても、外に出て行こうとしないような膠着《こうちゃく》状態に陥り、どんなに悲惨な状況よりも、現状把握できてい

る今の状態のほうがまだ安全であると認識して、予測不能な未知の世界を恐れる心理です。

「まさか⁉ そんなはずはない」……正常性バイアス

もう何年も前のことですが、某テレビ局で、火災時に人がどう反応するかを実験して隠し撮りするという番組を放映していました。

スーパーの店内の一角で、火が燃え上がっています。その傍《そば》を買い物客が通りかかります。

ところがそこに映し出されたのは、燃え上がる火を一瞥《いちべつ》すると、まるで何事もなかったかのように平然と通り過ぎて行く客の姿でした。

後のインタビューで、ある女性客は、

「お店のイベントだと思った」

と答えていました。

このような特異な場面に遭遇《そうぐう》したとき、

「まさか、こんなところで異常事態が起こるわけがない」

というように、今起こっている異常事態を否定して、正常な状態であるかのように振る舞おうとする心理を「正常性バイアス」と言います。

「みんなと同じでないと不安」……集団同調性バイアス

これが集団になると、より顕著《けんちょ》になっていきます。

「みんなが騒がないのだから、大丈夫だろう」

「自分だけ騒いで、もし、何でもなかったら、恥をかいてしまう」

といったような集団に合わせるような心理が働いて、個人行動がとりにくい状態に陥り、まるで何事も起こっていないかのような振る舞いをしてしまう、これを「集団同調性バイアス」と言います。

２００３年2月18日のことです。韓国の大邱《テグ》広域市中央路駅で、放火による地下鉄火災が発生し、死者１９２名、重軽傷者１４８名にものぼる大惨事になりました。

このとき発表された報道写真には、煙が充満している車内に、動揺する態度も見せず静かにシートに座っている乗客たちの様子が写っていました。

火災発生時、情報が伝えられなかったために、対向列車が入線してしまいました。中央路駅は対向式ホームであるため、炎上している列車に隣接してその対向列車が停車する形となったのです。

その結果、亡くなった人たちのうち142名が、その対向列車の人たちだったといいます。

このような認知バイアスが、必ずしも悪いというわけではありません。が、自分中心的な即断や行動が必要とされる緊急事態のときに、自分の言動が〝自動化〟していたり、「他者中心」の生き方になっていればいるほど、**〝恐れ〟が先に立って、さまざまなバイアスが否定的かつ複合的に働いて、こんな悲惨な状況すら引き起こすこともある**のです。

6 でも、怖いからって諦めきれない

私の人生やり直せないの？

〝恐れ〟という点では、生命を脅かす肉体的な恐怖以上に、自分の個としての尊厳を奪われることへの恐れもあります。人間として生きる意味や意義、創造性、希望や願望、人間らしさ、自分らしさといった高次の精神を侵害されたり、奪われることへの恐れもあるでしょう。

例えば、結婚したとき「それは不幸の始まりだった」と気がついたとして、その次は「でも、離婚するのは怖い」となるかもしれません。

「離婚したい。でも、するのも怖い」という狭間《はざま》に立たされれば、「自分の人生の未来」を遮断《しゃだん》されてしまったような閉塞感《へいそくかん》や絶望感で苦しむ、というような〝恐れ〟のダブルバインドに陥るかもしれません。

新しい生き方を渇望《かつぼう》しつつも、失敗することを恐れるのは、その一歩を踏み出す恐れもありますが、逆に、**実際にその一歩を踏み出して、はっきりと「それを実現させるのは無理だ」と自覚してしまうことへの恐れ**もあるでしょう。「絶対に不可能」だと悟《さと》るよりも、まだ、「できるかもしれない」という可能性を抱いていたい。絶望するよりも、一条《ひとすじ》の可能性にすがっていたほうが、まだ生きる希望が持てるというふうに、さまざまな恐れを回避しようとしては、新たな恐れを作り出していくのです。

私の望みは叶わないの？

肉体的生命の安全は保証されているとしても、自分の存在を否定されたり拒否されれば、個としての存在の意味をなくしてしまうでしょう。人によっては、それは肉体的な死以上の苦痛をもたらすものであるかもしれません。

精神的に「傷つく」というレベルでは、生命が脅かされているわけではありません。

このままだと、私の人生お先真っ暗!?

例えば、自分の望む通りにそれをしようとすると、常に親が反対するとします。それで今まで、断念してきたとします。

そんなあなたが、**自分の望む通りにしようとすれば、罪悪感が襲ってくる**でしょう。実際には、それを実行するのも怖いでしょう。行動するには、「親が反対する」という恐怖のハードルを乗り越えなければなりません。ゼロ地点からスタートしようにも、そのゼロ地点に到達するまでに、通過しなければならない複数の難関があるのです。

そんな恐れと向き合うよりは、自分の人間性を放棄してでも我慢し、現状維持を選ぶ人もいるでしょう。

私は誰からも愛されないの？

「愛を失う」恐れもあります。

男性は特に、自分自身が「愛を求めている」と気づかない人も少なくありません。けれども、「満足する。充実する。幸せを感じる。生き甲斐《がい》を感じる」

といった歓《よろこ》びに〝愛〟は絶対不可欠な要素です。

こんな充足感、満足感、幸せ感を味わうことができなければ、無味乾燥な人生となっていくでしょう。

なかには、その代償《だいしょう》として、仕事の成功、出世、資格や肩書き、名誉、地位といったものを求める人も少なくありません。

「仕事が成功すれば満足できる。出世すれば満足する。自分の能力を人に評価されれば、尊敬されれば、幸せに満たされる」

それも私たちの目標の一つでしょう。確かに、それらを得る満足もあります。けれども、あくまでもそれらは、さまざまな充足感、満足感、幸せ感の一つにすぎません。

それを求めるあまりに、人や家族との心の触れ合いが疎《おろそ》かになっていくとしたら、どうでしょうか。家庭はただ、家に帰って寝るだけ。妻と夫の会話もなく、家族の会話も乏しく、「夫は給料を運んでくるだけ」という関係の夫婦もいます。

人は孤独の中では生きていけません。

仕事の成功、出世、資格や肩書き、名誉、地位といったものは、一時の満足を得るための原動力にはなりますが、〝生きる歓び〟の原動力にはなり得ません。

人間はすべて、気づいていようが気づいていまいが、〝愛〟が必要なのです。概して日本人は、〝愛し合う〟ことが不得手《ふえて》です。多くの人が「私を愛して」と相手に求めます。

けれども、愛を相手に求めれば、**「自分が愛されているかどうか」が絶えず気になっていく**でしょう。他者中心の意識で愛を他者に要求している限り、愛を得ても、その愛を実感し歓びや幸福感を味わうよりは、愛を得た瞬間、「愛を失う」ことを恐れ始めるに違いありません。

無意識の視点で言うと、多くの人が「愛し合って傷つく恐れ。愛を失う恐れ。失ってさらに孤独感に打ちひしがれる恐れ」、そんな恐れを抱いています。

人によっては、そんな恐れを避けるために、最初から〝愛を得る〟ことを諦めて、仕事や成功に生きる人も少なくないのです。

7 どうすれば、怖くなくなる？ 行動できる？

これ以上、恐れを生まないために

これまで述べてきたように、「恐れ」にはあらゆるレベル、あらゆる質の恐れがあって、細かく挙げれば挙げるほど、無数の恐れがあるでしょう。それぞれの恐れが複合的に絡《から》まって、新たな恐れを生じさせてもいます。

では、どうすれば、こんな恐れを捨てることができるでしょうか。

もちろん、すべてを捨てることは不可能です。

なぜなら、**恐れには「私たちの危険を察して、身を守ってくれる」センサーとしての役割がある**からです。「恐れ」を感じることができるからこそ、私たちは、自分を守ることができるのです。この点においても、「恐怖という機能」

は絶対不可欠の要素だからです。

ただ、これまで述べてきたような**「自分が勝手に作り出した、幻の恐怖」は、必要ありません**。こんな幻の恐怖は、できるだけ減らしていきたいものです。

「自分を守るスキル」を身につけよう

自分で作り出した幻であれば、消すことができるはずです。

それは、簡単に言えば「私を守る」能力を高めていくことです。

そのためには、その能力を高めるだけでなく、「私を守るための具体的なスキル」も重要となってきます。

どうして幻の恐れを作り出してしまうのか。それは、恐れが生じたとき、恐怖に直面したときに、それを**「回避する能力。防ぐ能力。自分を守る能力」と、そのスキル**がないからだと言えるでしょう。

そういう意味で言うと、「私を守る」は即《すなわ》ち「私を愛する」とも同義語です。

自分を守ることができる能力とスキルがあれば、恐れが生じたときにも対処できます。恐れが生じたとき「自分を守ることができるんだ」という確信が持てれば、恐れが消えていくだけでなく、そもそも、生まれようのない恐れもあると知るに違いありません。

つまり、**「私を守る。私を愛するためのスキル」を学ぶことが、恐れから自分を解放していく〝最善の方法〟**ということなのです。

従わなくていい。戦わなくていい

前記した例に、「自分の望むことをしようとすると、常に親が反対するので、断念してしまう」というのがありました。

もしあなたと親がこんな関係だったとすれば、親が反対することを振り切ってでも、自分の望むことをしようとすれば、罪悪感が起こるでしょう。

「親の言うことに従わなければならない」と思い込んでいる人ほど、その罪悪感は強烈でしょう。では、

「親が反対したからといって、親の言うことに従う必要はない。決めるのは自分自身なんだ。私がどんな選択をしようと、それは自由なんだ」

こんなふうにつぶやくと、どんな気持ちになるでしょうか。

〝私の自由〟を自覚すると、まだスッキリとはいかないまでも、少し〝罪悪感〟から解放されて心が軽くなるのではないでしょうか。

「私は自由なんだ」と発想できれば、まず、「しなければならない」「してはいけない」という思考によって生じる恐怖から解放されていきます。

親の反対を振り切ってでも、という恐怖もいりません。

「私はこうする」と決めれば、あなたの意志に勝《まさ》るものはありません。これだけで、「他者と戦って勝たなければならない」という戦う恐怖からも解放されていくでしょう。

このように、「しなければならない」を「私の自由」に変える〝意識の変換〟も、「私を守る。私を愛する」ための根本的なスキルの一つだと言っていいでしょう。

第3章

きつい人間関係も、こちらの出方しだい

1　あれこれ詮《せん》索《さく》するから怖くなる

何か魂《こん》胆《たん》があるのかもしれない

ある女性から、こんな相談を受けました。

「上司が、仕事を振ってくるのですが、どう考えても、私が一人で処理できる量ではないんですね」

「一人でこなせる量ではないということを、その上司に伝えているんですか」

「いいえ、問答無用という高圧的な態度でくるので、怖くて、とても言える雰囲気ではありません」

そんなふうに話をする彼女の態度も表情も、どこか怯《おび》えています。

「言えなかったら、あなたはその仕事を、どう処理してるんですか」

「しかたがないので、必死にやっています。でも、もう限界なんです……」

しばらくそんな心情を漏《も》らすと、彼女は上司の心を推測し始めました。

「冷静に考えれば、仕事量が多いってことは、わかると思うんですね」

「と言うと……」

「どうして、上司は、それがわかっているのに、私に振ってくるんでしょうか」

と、ここから「どうして」の推測や分析が始まります。他者中心の典型的な思考パターンです。

「上司はどうして、別の同僚ではなくて、自分にさせようとするのだろうか。どういう意図があるのだろうか。何か魂胆があるんじゃないだろうか。もしかしたら、私に会社を辞めてほしいのだろうか」

もちろん、そうやってどんなに上司のことを詮索しても分析しても、上司が変わるわけではありません。むしろ、そうやって、相手を詮索すればするほど、〝怖さ〟は増大していくに違いありません。

妄想《もうそう》が膨《ふく》らんで大きな壁に

どうして怖さが増大するのでしょうか。

例えば、その状況で、実際に上司に何らかの悪意があるとしたらどうでしょうか。本当に、何らかの魂胆があるとしたら、どうすればいいでしょうか。本気で会社を辞めさせたがっているとしたら、どう解決すればいいでしょうか。

こんなふうに相手のことを詮索したり分析しようとすればするほど、上司が巨大な壁となって、自分の前に立ちはだかっているような怖さを覚えたり、あまりにも巨大すぎて、到底立ち向かえないような無力感や絶望感を感じたりするのではないでしょうか。

もちろんこれは、「勝手な推測」が作っている恐怖です。

前章で述べたように、相手の心を詮索したり分析しようとしても、ほとんど〝役に立ちません〟。

なぜなら、**「どうして」の答えを求めても、それは、自分自身のこともわからないし、ましてや相手のことは尚更《なおさら》わからない**からです。さらに無意識の世界にまで踏み込むと、顕在意識で認識していることなど、まるっきり当てにならないと確信を持って言えるからです。

それぐらい自分の「顕在意識」と「無意識」の間には、大きなギャップがあります。他者中心であればあるほど自分の気持ちに気づかないために、その差はさらに拡がっていくでしょう。

解決の糸口は自分の中にある

ここでわかるのは、「自分のこと」だけです。

さまざまな場面で、

- 自分が、どんな気持ちになっているのか
- 自分が、どんな態度や表情をしているのか
- 自分が、どんな行動をとったのか

というように、自分に焦点を当てられたとき、「解決の糸口」がつかめます。一見、こんなふうに自分のほうに焦点を向けると、「恐ろしく客観性に欠けている」ように思えるでしょう。

けれども、**自分にとって重要なのは、相手でしょうか、それとも自分自身でしょうか？**

相手がやさしくなれば、あなたは満足できますか。

相手が変わりさえすれば、「自分自身」は変わらないでいいと、あなたは思っていますか。

「怖い上司」に対して「黙って従ってしまう自分」はどうでしょう。

怖い上司に対して「怖い」と感じて怯えてしまう自分はどうでしょうか。

上司に、自分の状況を伝えることができない自分はどうでしょうか。

もしかしたら、その状況の大元は、はるか昔、幼い頃の親子関係にあって、あなたがずっと引きずってきている問題かもしれません。

そんなことを自分に問うと、納得できない自分がいるはずです。

2 従うかどうか。決めるのは自分

すべて命令に聞こえてしまう

一つの場面を切り取って点検すると、自分自身のことが見えてきます。

もしあなたが、自分の人生に「従わなければならない」を入力設定しているとしたら、相手の言うことがすべて、自分に命令していたり指示しているように〝聞こえる〟でしょう。

例えばあなたの上司が、

「これ、やる時間あるかい？」

と尋ねたとします。するとあなたは、自動的に「はい」と応じてしまうでしょう。もしかしたら、上司はこのとき、「できるかどうか」を尋ねただけかもしれません。けれどもあなたの耳には、「しなければならない」と聞こえてしまうのです。

このとき、**「やりたくない。できるかどうか自信がない」**といった自分の感情のほうはスッポリと抜け落ちています。そのために、引き受けた後で**「するのが怖い」**となるように〝恐れ〟は遅れてやってくるのです。

別の場面で、上司があなたに、

「あれ？　どうしてこれが、ここにあるんだっ」

とあなたに向かって大声を発したとします。

するとあなたは、自分が咎《とが》められたような気がしたり、責められているような気分になるでしょう。あなたがそれを仕舞い忘れていたとしたら、**〝悪事を働いてばれた犯人〟のような気分**になって自分を責めるかもしれません。

もしかしたら上司は、そんな気持ちは一切なくて、とっさに大声を発しただけなのかもしれないのですが、あなたには、「どうして、こんなこともできないんだ。なんて情けないダメな奴《やつ》だ」というふうに聞こえているかもしれません。こんな耳で聞いていたら、どんどん上司が怖くなっていくでしょう。

心の中では反発してるはず

もしあなたが「したくない。でも、やらされる」という思いでいるとしたら、相手への恐れから黙って従いながらも、心の中で反発したり、抵抗したり、腹を立てているかもしれません。

例えば上司が、

「やり方がわからないんだったら、これで勉強するといいよ」

と言って専門書を渡したとします。あなたにはそれが、

「専門書を読んで、もっと勉強しなければダメじゃないか」

と非難されているように聞こえたり、

「まだ、わからないのか。飲み込みの悪い奴め」とバカにされたり、嫌味を言われているように聞こえて、腹を立てたり悔《くや》し涙を流しているかもしれません。

そんな恐れから抜け出すには、「従わなければならない」を捨てていって、「心の自由」を取り戻すことです。

どうすれば、その「自由」が手に入るでしょうか。

では、試しに次の文章を、声に出して読んでみましょう。

「相手が言っていることは、〝意見〟や〝感想〟にすぎない。相手が高圧的な言い方や怒った言い方で私を動かそうとしても、私は、相手の言うことに従うことはない。私がそれを選択するかどうかは、心から私の自由だ。相手よりも、私は自分の気持ちや感情や意志を、もっと大事にしていいんだ」

声に出して言うと感情に響くために、より〝実感〟できるでしょう。

こんなふうに言うと、相手とマイナスに絡《から》まっていた心の距離が遠くなって、少し、解放された気分になりませんか。相手を「怖い」と感じる恐怖心も、少し減ったように感じるのではないでしょうか。

自分に自由を認めていますか？

相手の言っていることは、常に意見であり感想です。

それが社長の言葉であっても親の言葉であっても、です。

あなたがそれに従うことはありません。**あなたには、自分がそれを選択するかどうかの〝自由〟があります。**

もしあなたが、「従わなければならない」という意識から解放されたら、あなたが相手の言葉に敏感に反応することは少なくなっていくでしょう。恐れも小さくなっていくはずです。

先の例の彼女もそうですが、もしかしたらあなたが推測しているように、上司は、事実、あなたを快く思っていないかもしれません。心の中で、あなたに会社を辞めてほしいと思っているかもしれません。

それでも、「私が上司をどう思っていようが自由」であると同様に、上司があなたを心の中でどう思っていようが、仮に悪意を抱いていようが、それも「相手の自由」なのです。

もっとも、「相手の自由」を認めるのは、まだずっと先の未来でいいのです。

それよりも、あなた自身の〝自由度〟を高めていくことが先決です。

あなたが**「自分の自由」を心から認められるようになってきたとき、それに伴って、相手の自由も認めることができるようになる**からです。

もちろん職場では、職務としての「すべき」ことがあります。自分の役割としての業務や仕事として引き受けたものは、それを果たす義務があります。

しかしそれは「従わなければならない」ものではなくて、職務に対する「責任」です。それを放棄してまで、「自分の感情のままに動け」と言っているわけではありません。ましてや「従うな！」と命令しているわけでもなければ、禁止しているわけでもありません。

それをはき違えてしまうと、「自分の責任を果たすこと」すら、〝強引にやらされている〟ような気分になって、不平不満を募《つの》らせたり、相手を責めたり攻撃したくなるでしょう。

「自分の責任を果たすこと」は決して「自分の感情を基準にする」こととは矛盾しません。

むしろ、**自分の感情を無視したり抑えながら相手に従おうと〝自動的にしてしまう〟から、怒りや恐れが生まれる**のだと、理解できるのではないでしょうか。

命令された。でも、ちょっと待って

3 心の中を武装解除してみよう

否定されてる、攻撃されてる!?

ここまで読んだとき、

「そんなの無理ですよっ！　心の中で、どんなに自分の自由だと思っても、実際には、何の役にも立ちませんからねっ」

などと、つい感情的に反応してしまった人はいませんか。まさにそれが、日頃、自分の感情を優先できなかったり、自分の意志や自由を認められない人の反応だと言えるでしょう。


そんなあなたは、**我慢しつつも、絶えず心の中で相手と戦っている**に違いありません。そのため、上司が、

「こうしてくれないか」

と言ったとしても、あなたにはそれが、

「こうしろと言ってるだろう!!」

と、自分に強制したり強要しているように聞こえます。時には、

「手が回らないんだったら、いいよ」

といった言葉さえ、相手が自分を否定したり拒否したり、攻撃を仕掛けてくるというふうにも感じるでしょう。

すでに心の緊張は最高潮

常にあなたの心の中は、戦闘モードです。

腹が立っても我慢してしまうのは、あなたが、**いつ戦いになるかという恐怖を抱いているから**です。

戦闘モードで身構えていたり、あなたの中に競争意識や敵意があればあるほど、恐怖心は増大していくでしょう。なぜなら、すでにあなたが口火を切れば、激しい戦いが待っていると信じ、予感しているからです。

冒頭のように、何らかのきっかけで、
「そんなの時間がないから、無理ですよっ！」
などと、激しい口調で口走ってしまうのは、あなたが、そんな敵意と恐怖を
抱いている証拠だとも言えるのです。

相手も反応。険悪なムードに

あなたのそんな激しい恐怖やその口調は、相手からすると、逆に、あなたから攻撃されているように映るでしょう。

恐れていようが怒っていようが、どんな感情も瞬時に相手に伝わります。

「でも、相手が悪いんですよっ」

そう言いたくなるとき、すでに、脳幹の「戦うか・逃げるか」の反応にスイッチが入っています。相手はあなたのそんな戦闘モードをキャッチします。

相手が悪い。確かにそうかもしれません。あなたの主張のほうが正しいとしましょう。

それでも、あなたのそんな正しさとは離れたところで、お互いに「自分の臨戦モードが相手を臨戦モードにさせていく」という〝関係性〟の負のキャッチボール現象が起こっています。

そのときはもう無意識に、**「私が正しい。あなたが悪い」といった〝論〟とはまったく異なる〝感情の世界〟で反応し合っているだけ**となっているのです。

動物社会のように、脳幹の「戦うか・逃げるか」の反応が発動し、互いに威《い》嚇《かく》し合ったり、怖くて怯えているようなとき、どうやって〝理性的な判断〟ができるでしょうか。

ところが実は、ほとんどの人が、気づかずにやっていることなのです。

4 意地悪された。それって本当？

電話に出る・出ないの心理戦

職場でよく見かける光景です。

こんな小さな場面でも〝心理戦〟が起こっています。

電話が鳴っています。

今日のあなたは、知らぬ顔の半兵衛を決め込んでいます。同僚は、いつも電話が鳴っても出ないので、それを不快に思っているのです。

責任感の強いあなたは、ついに根負けして出てしまいました。その瞬間、あなたは相手に意地悪をされているように感じるでしょう。

ところがある日、その同僚が、ベルが鳴ると間髪《かんはつ》を容《い》れず、電話を取りました。翌日もまた翌日も、同僚は、電話が鳴ると飛んで行きます。電話が鳴ると、すぐに駆け寄ってきて、あなたの傍《そば》にある電話も奪うようにして対応します。

あなたはほとんど、電話に出る必要がなくなりました。

もしあなたが「他者中心」の意識で、その同僚と心の中で争っていれば、**どちらに転んでも、「意地悪されている」ような気分になる**に違いありません。

では、同僚の目から見ると、あなたがどういうふうに映っているでしょうか。もしその同僚も他者中心になって、あなたの顔色を窺《うかが》ったり、あなたの反応を気にしながら行動しているとしたら、絶えずあなたに監視されているような気がして、息苦しさを覚えているかもしれません。

あなたが先輩だったりすれば、尚更そう感じるでしょう。

同僚は、あなたの顔を横目で盗み見て、電話に出ないと責められているように感じて恐れを抱きます。けれども恐れを抱くから、いっそう心が凍《い》てつきます。

あなたの目には、それが生意気な態度に映ります。

同僚が、思い切って電話に出るようになると、また、あなたの監視の目が同僚を突き刺します。同僚は、**「まだ足りないのか」とばかりに、あなたへの恐れからすべての電話に出る**ようになりました。

お互い息苦しさを抱えてる

どうでしょうか。それぞれの立場によって、〝見え方・感じ方〟が異なるということが、理解できたでしょうか。

どちらが事実かはわかりません。同僚が意地悪なのかもしれません。もしかしたら、あなたが相手に否定的に関《かか》わることで、あなたが同僚の意地悪さを引き出しているのかもしれません。

あるいは、あなたは気づかなくても、あなたのほうが無意識に相手を監視していて、息苦しさを与えているのかもしれません。

いずれにしても、こんな関係でいる限り、**両者とも、「相手に勝った」という気分にはならない**でしょう。ある場面ではあなたが勝っているかもしれないし、ある場面では負けているかもしれません。

明らかに勝っている場合であっても、被害者意識が強ければ、〝負けて悔しい〟と感じてしまうでしょう。

あなただけではありません。

あなたと同じ、そんな思いが、相手の心の中でも起こっているのです。

では、次の文章を読んでください。

あなたの感情を刺激するために、声に出して読むことが肝腎《かんじん》です。

「相手が意地悪であっても、それは私とは関係のないことだ。私は私の気持ちを大事にしよう。私が電話を取りたいときは、取ろう。自分のペースで取ろう。私はひたすら、自分のことだけ見ていこう。相手がどうであっても、電話を取るかどうかは、私が決める。私の自由だ」

こんなふうに、声に出して言ってみるとどんな気持ちがしますか。

相手から少し解放された気分になって、心が軽くなりませんか。

あなたが考えている通りに相手が意地悪であっても、それは、あなたの人生とはまったく関係のないことです。

相手を見ない。自分のことだけ

自分中心心理学では、自分が相手に対してどんな気持ちを抱いていようが、それも「自由」という捉《とら》え方をします。

〝私〟が同僚を毛嫌いしていても、〝私〟が心の中で、相手を不快に感じていても、憎んでいても恨《うら》んでいても、それは「私の自由」です。

自分が抱く、どんなマイナス感情も否定することはありません。

「そうか、そんな気持ちになってるんだね。なぜだか理由はわからないけれども、私はあの同僚が嫌いなんだ。嫌いだったら嫌いでいいんだ」

こんなふうに自分の感情を受け入れると、どうでしょうか。少し、同僚の存在が気にならなくなりませんか。

「出る・出ない」は、私の自由

相手を見るから怖くなるのです。相手を見るから、相手の心を詮索したくなるのです。相手を見るから、勝手に傷ついて、争うために近づいてしまうのです。そして、戦おうとするから怖くなるのです。

だったら最初から、自分を見て、

「（誰とも関係がなく）私の都合で電話に出よう」

そう決断するだけで、あなたは、「自分の気持ち」のほうに焦点が当たるようになるでしょう。

あなたにとって重要なのは、「電話に出るかどうか」です。電話とあなたの間に、同僚は存在しません。そんな見方ができれば、だんだん、他の場面でも、同僚を目で追いかけたり〝監視したり〟する時間が減っていくはずです。

5 何でも白黒つけようとしない

「悪いのは私？」と、いつもヒヤヒヤ

自分の日常が情報や知識で埋め尽くされていると、物事に取り組むときに、知らず知らずのうちに「白」さもなくば「黒」というふうな極論に走りがちです。

例えば、

「みんなが一生懸命働いているときに、怠《なま》けてはならない」

「引き受けた仕事は、最後までやり通さなければならない」

一見、正論に見えます。

思考に囚《とら》われていると、何の疑問も感じずに、

「当たり前じゃないか」

と思ってしまう人もいるでしょう。

思考に囚われていると、**「する・しない」「勝つ・負ける」「正しい・間違っている」「よい・悪い」「成功する・失敗する」**というような「0か100」の〝二極化思考〟になりがちです。

こう言うと、

「でも、そんなふうに、いつも極端に考えているわけではありませんっ」

と切り返すように答える人がいます。

こんな答え方に、ちょっと違和感を覚えませんか？

そう答えてしまうのは、「二極化思考をしてしまうのは、悪いことだ」と相手に言われているように感じているからです。あるいは、それを「相手に責められている」というふうに聞いてしまうからでしょう。

だから、その恐れから「私は違う」と否定したくなってしまうのです。

例えば、

「負けてはいけない。間違ってはいけない。悪いことをしてはいけない。失敗してはいけない」

などと自分に要求すると、行動するのが怖くなってきませんか。こんなふうに物事を二極化思考で捉えると、どんどん恐れの数が増えていくでしょう。

とにかく「自分に厳しく」で空回り

セミナーを受講している人に、

「できることから始めて、その達成感を味わいましょう」

という課題を出したとき、こんなコメントが返ってきたことがあります。

「仕事のない日はゆっくり寝ていましたが、休日も7時に起きてしっかりと朝食をとる。これを、3カ月間やってみて、達成感を味わってみます」

「思考」を基準にすると、自分の感情を無視して、こんな厳しいレッスンを自分に突きつけがちです。これは、3カ月と限定しているので可能かもしれません。終えたときの達成感を味わうこともできるでしょう。

けれども、このように自分の感情に相談することもなく、厳しい課題を自分に押しつければ、仮に達成できたとしても、**さらに自分を精神的に追い詰める二極化思考を強化するトレーニングを積んでいるようなもの**です。

もっと心地よい選択を知ろう

そのセミナーで意図していたのは、

- 「自分の感情」を基準にして
- 「したいこと」を楽《らく》にできる範囲でする
- その都度、「達成感」を味わう
- 満足できるので、それが継続性につながる

ということを実践し、〝実感する〟レッスンでした。

つまり、この課題の最大目標は「したいことを楽に」ということだったのです。

ですから、むしろ自分の感情を基準にするとしたら、

「毎朝〝起きるのがつらい〟ので、休日は、心ゆくまで寝ているレッスンをす

る」を課題にしたほうが、まだ好ましいでしょう。

休日に寝過ごして、つい、

「ああ、また、こんな時間まで寝てしまった……」

などと、後悔したり、自分を責めたりする人はいませんか。

自分がしていることを二極化思考で捉える人ほど、罪悪感を覚えるでしょう。

では、これはどうでしょうか。

「おっ、こんな時間か。よっぽど疲れていたんだなあ。よく寝たなあ。ああ、よかった……。満足、満足」

罪悪感が強い人は、まず、自分をこんなふうに〝いたわる〟ことができません。

そんな人ほど、心ゆくまで眠って、〝その満足感を味わう〟レッスンをしましょう。こんなシンプルな方法を実践するだけで、二極化思考から卒業できるのです。

もちろんこれも、「しなければならない」ではなく、〝したいかどうか〟の感情を基準にしてほしいものです。

6 「私は～」で発想していますか？

親切のつもりで言ったのに

他者中心の人は、無自覚に人を傷つけてしまうような言語を使ってしまいます。

例えば、あなたが部下に言いました。

「そんなの、手短に済ませておけばいいのよ」

あなたは善意でアドバイスしたつもりです。

ところが部下には、「グズグズするんじゃない」と、自分の処理能力を否定されたように聞こえているかもしれません。他者中心の部下であればあるほど、あなたに否定されたと受けとめるでしょう。けれども部下は我慢します。

あなたは善意のつもりでいるので、それに気づきません。

それが繰り返されると、部下の心にマイナス感情が蓄積していきます。けれども部下は、あなたが怖くて何も言えません。

もっとも部下のそんな思いは、あなたへの態度となって表れます。

そのために、あなたの目には、部下が、

「なんなのよ、ろくに返事もしないでふてくされて。生意気な子ね」

というふうに映るでしょう。

誰にでも苦手な人、嫌いな人はいます。どこに行っても、そんな相手が現れるものです。

けれども、それぞれの立場によって、見え方、捉え方が異なります。実際のところ、このケースのように、どちらが先に「苦手、嫌い」のきっかけを作ったかは、正確にはわからないのです。

それでも自分には、「相手が悪い」と見えているでしょう。

得てして、そんな関係になりやすいのが「他者中心」の意識です。

「あなたは」「あの人は」の意識だと

他者中心の人は、自分の意識が相手に向かいます。そのために、頭の中は、相手のことでいっぱいです。それを言葉にするとしたら、二人称の「あなた」や三人称の「あの人」になっていきます。そして、頭の中にあるその思考をそのまま言語化すると、

「どうして、いつも〝あなた〟はスケジュール通りにやれないの」

「前もあれほど注意したのに、どうして（君は）同じミスを繰り返すんだよ」

心の中で相手を不快に感じていれば、

「それは、こうするんじゃなくて、こうするんだよっ（君は間違ってるよ）」

と、つい相手を責めるような口調になってしまうでしょう。

他方、「私」に意識を向けて〝やり方〟だけに焦点を絞《しぼ》れば、

「それは、こうするよりも、こうしたほうが速いよ」

こんな言い方になるでしょう。

相手に意識を向けていくか、

「あなたは」で発想すると……

「私は」で発想すると……

「合計金額が合わないので、もう一度、計算し直してほしい」

などと、具体的なやり方のほうに意識が絞られるかで、言い方も異なってくるのです。

次々と新しい敵が現れる

頭の中が相手のことばかりでいっぱいになっていると、勢い、相手を責める言葉を乱発してしまいます。もしその言葉をそのまま言語化すれば、相手に争いを仕掛けることになります。争いになれば、自分が恐れていた通りの展開になっていくでしょう。

頭の中にある「どうしてあなたは」という言い方を、いきなり「私は」という言い方に変換しようとしても、正直、かなり困難です。

こんなふうに、頭の中が他者中心になっていればいるほど、争いになると予測がつくから、言葉にするのが怖くなります。

それよりも、頭の中で相手を悪者にしておいたほうが、自分の恐れと直面しないで済みます。自分が行動するより、相手に変わるように要求してしまうのも、自分の中にそんな恐れを抱えているからなのです。

とりわけ他者と「心で戦っている人」は、すでにけんか腰の口調になっています。

言葉だけでなく、態度や表情で争いを仕掛けていきます。意識の中で、他者に敵意を抱いているだけで、それは相手に伝わります。

自分が恐れた通りに、敵が現れます。言葉を交わせば、争いになります。我慢すると、敵意が増大していくでしょう。

絶えず心の中で相手と戦っている人は、**相手を責めることで〝自分を傷つけ〟ながら、争うことで傷つき、さらにまた、傷つくことへの〝恐怖〟を抱くことになる**のです。

こんなふうに、他者と心の中で戦っている人は、常に自分を傷つけるかもしれない小爆弾を抱きしめながら暮らしているようなものなのです。

自分中心になって自分と向き合おうとしない限り、無数の恐怖へと自分を誘《いざな》っていくのです。

7 強そうに見える人ほど怖がっている

一見うらやましい。でも実態は……

支配的な態度で相手を黙らせて満足する自分を、「有能で頭の回転が速く、弁が立つ」と勘違いしている人がいます。

「そんなくだらない質問なんて、するんじゃないよ。人に原因を聞くんだったら、その前に、もっと検証してきたらどうなんだっ！」

などと一方的に怒鳴る人がいます。かと思えば、相手に話す隙《すき》を与えずに、

「どこからそんな話を仕入れてきたんだ。実にくだらん。何を根拠にそんなことを言うんだ。俺が納得いくような説明をしてみろ。ほら、できないじゃないか！　できないくせにほざくんじゃないよっ」

あるいは、

「ほら、その答え方で、すでにあなたがまったく理解していないということが、はっきりとわかるのよ。自分で言っていることが、矛盾しているって、気づかないの。それがわからないとしたら、もう、救いようがないわよね」

などと相手をやりこめて満足しようとする人もいるでしょう。

強引でいわゆる〝押しが強い〟そんな人たちに、

「自分もあんなに弁が立って、相手を言葉で打ち負かしてやれたら、さぞや気分がいいだろうなあ」

などと、憧《あこが》れる人たちも少なくないでしょう。

でも、どうでしょうか。彼らは、あなたが憧れるに足る満足を、本当に得ているのでしょうか。

ここで改めて、あなたの周囲にそんな人がいたら、思い出してみてください。舅《しゅうと》・姑《しゅうとめ》、父親・母親、会社の社長、上司、先輩、友人・知人、恋人、妻・夫。あなたの目には、そんな人たちがどういうふうに映っていますか。尊敬できますか。心から信頼できますか？

心の通い合う会話ができて、「この人と一緒にいて、本当によかった。ありがとう」と感謝したくなったり、「幸せだ」という気持ちになりますか？

それとも、あなたはその人の前で緊張したり、怯えたり震えたりしていないでしょうか。

負けるのが怖くて押しの一手

では、どうして彼らは、そんなふうに一気にまくし立てたり、居丈高《いたけだか》な態度で一方的に言ってくるのでしょうか。

それは、**相手の話を聞くことを恐れている**からです。

心の中で相手と戦っているので、「勝たなければならない」と信じています。

もし負けたら、相手に屈服《くっぷく》するしかないと、そう思い込んでいます。

うっかり相手の話を聞いてしまったとき、相手の言い分が正しかったら、自分は負けてしまいます。それが怖くてたまらないのです。

そんな人たちの目標は、「勝つ」ことです。だから、自分の言い分が間違っていようが、自分の主張が矛盾していようが、そんなことは眼中にありません。

とにかく、「勝つ」ためには手段を選びません。だから勝つ手段として、「一方的にまくし立てたり、威嚇したり、感情的になって怒鳴る」という方法で、自分の主張を押し通そうとするのです。

でも、黙って従うなんて悔しい

では、そんな相手に対して、どう対処すればいいのでしょうか。

一言でいえば、難しいでしょう。

「ええっ……、そんな～。じゃあ、黙って従うしかないんですか？」

いいえ、違います。まず、そんな人ほど、恐怖を抱いているのだということがわかっただけでも、少し、あなたの相手に対する怖さが減ったのではないでしょうか。まずはこれだけでも〝よし〟としましょう。

では次に、そんな相手と戦っても、傷つくだけであなたが損します。

「じゃあ、やっぱり、黙って従うしかないということでしょう？」

そうですね。相手がそう主張するのなら、いったんは逆らわず「相手の願いを叶《かな》えてあげる」というのも、自分を傷つけないための方法です。

ただし、相手の指示通りに動くとしても、そうすることでどんな問題が起こり得るか。起こり得る〝その結果〟までを、あなたが論理的に話をしておくことができるかどうか。これは、自分を守るために重要です。

例えば、職場で、

「わかりました。そうします」

と一歩下がれば、上司は恵比須顔《えびすがお》に戻るでしょう。その後で、

「ただ、これを合意なしにやってしまうと、D社は納得しないでしょうし、社内でもEとFの部署で、軋轢《あつれき》が生じるかもしれません。それでもいいんですね」

と、明確な言葉で念を押しておくことです。

そのとき上司は、激高してこう言うかもしれません。

「うるさい、ごちゃごちゃ言うなっ。お前は言われた通りにやればいいんだよ」

そのときは素直に、

「はい、では、わかりました」

基本はイエス。でもそれだけじゃない！

と、引き下がったほうが安全でしょう。それでいいのです。

これで安心。一枚上手の対策を

なぜならあなたの言葉は、上司と戦うためではありません。「責任の所在」を明らかにするために明言しておく、というのが〝目標〟だからです。

あなたとしては不本意であっても、仕事上、従わざるを得ないこともあるでしょう。だからこそ、「自分の責任」と「相手の責任」を明確にして、問題が生じたときに、責任転嫁されないように、事前に対策を講じて、自分の責任ではないことに対しては、「自分の安全を確保する」ことが重要なのです。

一見、強そうに見える支配的な人たちに憧れるより、そんな人にも動じない自分になりたいと思いませんか。しかも、「怖い相手」と戦うこともなく――。

例えばあなたが、上司の命令に従ってやったことで、問題が生じたとします。その責任があなたに振りかかってきそうな雲行きです。そんなときでも、あなたが自分を守るための言葉を残しておくと、

「あのとき私は、D社は納得しないと申し上げました」

と答えることができます。

職場では特に、「責任の所在を明確にする」ということが、自分を守るためであり、支配的な人たちにも動じない自分になるための方法の一つなのです。

第4章

恐れを手放すレッスンを始めよう

1 感情に振り回されないレッスン

どうして仕事に集中できないの？

「自分中心心理学」では「自分の感情に気づいて、それを基準にしましょう」ということを提唱しています。それでも、

「感情を基準に？　感情なんて厄介だよ。自分の感情に気づけば、つらくなるだけだ。無視していられるんだったら、無視してるに限るさ。そんな小さなことでクヨクヨ悩んでいてもしかたないしね。**第一、感情なんて、仕事をする上では何の役にも立たないし、むしろ邪魔だよ**」

というふうに、〝感情〟が関係するのは人間関係や愛情問題であって、仕事での問題解決能力や仕事を成功させるための能力、あるいは仕事をする上での判断力や決断力、俯瞰《ふかん》能力、統合能力といったものには〝関係ない〟と思って

いる人が少なくないのではないでしょうか。

ところが、そうではないのです。

解消できない感情がモヤモヤ

人は感情で動いています。

マイナスの感情が起こると、それを解消したいと願います。解消されないと、いつまでも引きずってしまいます。

やり過ごせば、知らぬ間に消えてしまうだろうと思っている人もいるかもしれませんが、そうではないのです。**人間の心は、そんなに雑でも不完全でもありません。**なにしろ、私たちに備わっているさまざまな機能は、コンピュータ以上に精密だからです。

例えば、どうしてあなたは、〝あの人〟のことが気になってしかたがないのでしょう。

どうしてあなたは、〝あの人〟のことが忘れられないのでしょうか。

それは、その相手と、なんらかの障害や問題があって、それを未《いま》だ、解消できていないからではないでしょうか。

あるいは、家庭や職場で、日々、マイナス感情を生み出しては、それを蓄積させている人もいます。

あなたが家庭や職場で、一つのことに集中できないのはどうしてでしょうか。

それは、別のことが気になっているからですね。

「仕事に、感情は関係ない」

確かに、今あなたが取り組んでいる仕事には、直接、感情が関係しているわけではないでしょう。

けれども今、あなたがその仕事に集中できないとしたら、それはどうしてでしょうか。

ミスを繰り返したり、注意散漫だったり、やる気が出てこなかったりするあなたがいるとしたら、どうしてでしょうか。

それは、気になることがあるからですね。

目標が別の方向にそれてしまう

こんなふうに、今、取り組んでいる仕事に感情は直接関係がないとしても、**自分の中に解消できていない感情があると、それがあなたの集中力を妨げてしまうのです。**

さらにまた無意識の領域でいうと、あなたの中に何らかの強い罪悪感があると、無自覚に自分を罰するほうへと動いてしまうため、物事がうまく進まないということもあります。

あるいは過去に負った心の痛みが深く大きければ、無意識に、自分を傷つけてでも仕返しや復讐《ふくしゅう》を〝目標〟にしてしまう場合もあります。無視されるのがつらかったり孤独になるのが怖くて、周囲の注目を浴びようと奇抜な行動をとったり、さまざまなトラブルを起こす人もいます。

自分のことに集中できずに、

「職場で、人が私の傍《そば》にいると、それだけでイライラしてきます」

「街を歩いているだけで、すれ違う人を怖いと感じている自分に、最近気づきました」

「自分と違うやり方をしている人を見ると、自分とは関係ないのに、腹が立ってくるんです」

などと、感情が解消されていないと、自分自身は気づかなくても、さまざまな場面で、それが頭をもたげて集中力を欠いたり、能力を発揮できない状態へと陥《おちい》っていくのです。

とりわけ〝恐れ〟という感情は、これまで述べてきたように、放っておくとドンドン肥大化していきます。

恐れは、あなたの心を縮こませるだけでなく、身を竦《すく》ませて行動を阻《はば》み、未来への可能性を閉ざしてしまいます。

だからこそ、その時々の感情に気づいて、**早めにマイナス感情を解消したり、心の痛みの手当をしてあげる必要がある**のです。

2 自分をとことん優先するレッスン

あの人が気になって動けない!?

もしあなたが、

「嫌な人が職場に存在するだけで気になって、仕事に集中できません」

という問題を抱えているとしたら、

「好きな人がいて、ずっと片想いで苦しんでいます」

といったことでも悩むかもしれません。

「えっ？　でも、嫌いと好きとでは、正反対ですよ」

好きであっても嫌いであっても、根っこは一緒です。

どうして、そんな問題を抱えてしまうのか。それは、根っこに「怖い」という感情があるからです。

もちろん好きな人に、嫌われるのは怖い。嫌いな人は、さらに傷つくのが怖いというふうに、〝怖い〟の種類は違います。

ですが、直面している課題に対して**「行動するのが怖い」**という点で共通しています。

この「行動するのが怖い」という感情は、相手を否定的に想定したために生まれた副次的な感情です。

この副次的に生まれた「行動するのが怖い」という恐れが、**好きという感情、嫌いという感情のどちらにおいても、〝自分の本当の感情と向き合う〟のを妨げています。**

自分の感情と向き合うことができなければ、自分の感情を大事にすることができません。自分の感情を放置すれば、自分の感情を解消することもできません。

感情を解消できなければ、それが蓄積されて、人間関係だけでなく、さまざまな場面に影響が出てくるでしょう。感情的なトラブルが発端で国と国が戦争になることもあるように、感情は歴史をも動かすのです。

土曜はちょっと用事があるんだけどな……

「私を後回しにしない」小さな練習

では、自分の感情と向き合うには、どうすればいいでしょうか。

それには**「私を優先する」レッスンをする**ことです。

この一文を読んだだけで、即座に、罪悪感が起こった人はいませんか？

そんなこと「できっこない!!」と、感情を爆発させるようなイメージを抱いて、怒りとも恐怖ともつかない反応をした人はいませんか？

そういう人ほど、自分を優先してこ

なかった人たちなのです。

そんな人たちは、自分を「優先してはいけない」と信じ込んでいます。成長過程で、それが〝支配や依存の表れ〟だと気づかずに、思い込まされてしまっているのです。そのために、もし相手を差し置いて自分を優先すると、罪悪感を覚えるでしょう。もちろんこれは、〝無用の罪悪感〟です。

もし、そんな〝無用の罪悪感〟に苦しんでいるとしたら、そんな人ほど「私を優先する」レッスンが必要です。

例えば、主婦であれば、買い物に行ったとき、つい子どもや家族のことを優先して、自分の欲しいものは後回しにしたり、「今度でいいや」と諦《あきら》めてしまいがちです。そんな自分に気づいたら、

「まず、私の好きな食べ物を、一番先にカートに入れよう」

を実行しましょう。

そのとき、罪悪感を覚えたら、繰り返し実行することで、その罪悪感が軽くなっていきます。それをしっかりと見届けることです。これで、一つの「小さな罪悪感」が消えたことになります。

ほかにも、

「自分の独立した部屋を確保しよう」

それができなければ、

「この小さな空間は、私が独占して誰にも触《さわ》らせない」

でもいいでしょう。

「自分のお小遣いは、毎月しっかりと確保しよう」

「自分の取り分は、最初にしっかりと確保して自分を安心させよう」

「したくないので、今日は、終わりにしよう」

「自分のために、お金を遣おう」

「自分のために、断ってみよう」

こんなふうに、**自分ができるとこ**

ろ、取り組みやすいところから「自分を優先する」レッスンをすることです。

このときの重要なポイントは、それを継続させていくプロセスで、自分の中にある罪悪感が「少しずつ減っていく」状態を、自覚して見届け、それを〝実感する〟ことです。

この〝実感〟が今の罪悪感を解消すると同時に、蓄積された過去の罪悪感をも溶かしていってくれるのです。

だんだん勇気が育ってくる

「自分を優先することが大事なのは、わかりました。でも、好きな人や嫌いな人に言うのが怖いという感情と、どう関係があるのですか？」

とあなたが疑問に思うように、「私を優先する」と「行動するのが怖い」ということの二点が、まだ、頭で結びつかない人がほとんどかもしれません。

では、本題に戻りましょう。

こんなレッスンを続けることで、「好きな相手に嫌われるのが怖い」「嫌いな相手だけれども、争って傷つくのが怖い」といった恐怖よりも、自分の気持ちや感情のほうに焦点が当たるようになります。

自分の感情を基準にし続ければ、自分を大切に扱いたい、つまり「私を愛したい」という欲求のほうが優《まさ》ってきます。

「私を愛したい」という欲求が優ると、それがだんだん大きくなっていきます。こんな自分になってようやく、相手への恐れよりも、**「私を愛するために行動しよう」**という勇気が育っていくのです。

3 傷ついていることに気づくレッスン

一人になるのはやっぱり怖い……

自分たちの関係を客観的な目で見れば、

「もう一緒にやっていくのは無理だから、別れたほうがいい」

とわかっていながら、なかなか別れられないケースも少なくありません。

家族や夫婦の場合、どんなに破綻《はたん》していても、年月をかけて築いてきた家族関係を一気に崩してしまうのは、なかなか踏ん切りがつかないものです。

夫婦の場合、自分に経済力がなければいっそう、別れた後、

「どうやって生活していけばいいんだろうか」

などと、生活の基盤が崩壊してしまう不安や恐れが真っ先に頭をかすめるでしょう。一人になる寂しさや怖さも襲ってくるでしょう。

争いながらも、あるいはすでにその関係が形骸化《けいがいか》していても、誰かがいたほうがいいと思ってしまうほど、私たちの中には孤独に耐えられない恐怖心があるのです。

でも一緒にいても傷つくばかり

けれども、〝なかなか別れられない〟のは、それだけが原因ではありません。

こんな例があります。

彼女は昨日、車で迎えに行くよと言っていた恋人に、すっぽかされてしまいました。過去にも、たびたび同じようなことがありました。

彼女は、約束の時間になっても来ない恋人を、イライラしながら待ちました。このとき彼女は、傷ついています。

恋人に電話をしたのですが、出ません。10分経《た》ち、20分経ち、1時間経ちました。彼女は待つことで、さらに傷つきます。

ようやく恋人と連絡がつきました。すると恋人は、

「えっ、今、酒飲んじゃったから、無理だよ」

恋人は彼女との約束の時間の少し前、友人と会っていて、一緒にお酒を飲んでしまったのだと言います。

恋人の理由を聞いて、さらに彼女は失望し傷つきます。

「今から、電車で行くから、待っててよ」

彼女は、さらに彼が来るまで待ちます。けれども彼女は、そうやって待つことで、いっそう傷つくことになるでしょう。

自分の心をつぶさに見ていくと、こんな「小さな場面」でも、彼女は何回も傷ついています。

ようやく彼がやってきました。あなたは彼を見るなり、

「どうして、あなたは、いつもいつもそうなのよ。何度、私をバカにすれば気が済むのよ」

などと怒って彼を責めたとします。その後は、いつも通りの言い争いです。

あるいは腹を立てたまま、何日も口を利《き》かない状態が続きます。

もしあなたがこんな「彼女と彼」の関係だったとしたら、どうすれば、傷つ

いつも大ゲンカ。でも別れられない

かないで済むでしょうか。

「わかりません。言えば言うほど、争って傷ついていく気がするんです」

とあなたが言うように、相手を責めれば責めるほど、傷ついていきます。

それでもあなたは、責めずにはいられないでしょう。

愛情じゃなく執着《しゅうちゃく》かもしれない

傷つくとわかっていながら、どうして言わずにはいられないのでしょうか。

それは、傷ついた自分の心を癒《いや》したいからです。

傷ついた感情を解消したいからです。

ところがあなたは、そう望みながらも、解消する術《すべ》を知りません。それどころか、言えば言うほど傷ついていきます。だからもっと、言いたくなるという悪循環です。

こんなふうに、**傷ついていけばいくほど、さまざまな感情が渦巻《うずま》き、それが解消できないゆえに相手にこだわり、さらに離れられなくなっていく**のです。

つまり、あなたが「もう無理だ」と感じていながら、なかなか別れられないのは、あなたが相手との関係で「何度も何度も傷ついている」からなのです。

しかもそうやって傷つけば傷つくほど、相手に囚《とら》われて、離れられなくなっていきます。そのために、争いながらもいっそう「他者中心」になって相手にこだわり、ますます別れるのが怖くなっていくのです。

そんな依存心を「愛している」と勘違いしている人がいるかもしれません。

4 二度と自分を傷つけないレッスン

仲直りより仕返ししたい!?

前記したように、ほんの小さな場面でも、自分の心を覗《のぞ》くとさまざまな感情を感じています。自分の感情に気づかない人は、傷ついたとき、気づかないまま無数の痛みを抱えることになるのです。

そんな未解消の感情が蓄積していると、相手と離れられなくなっていくだけでなく、どんどん傷つけ合っていきます。

「あなたのせいでこうなったんだから、私の人生、返してよ」
「お前なんかと結婚したのが、失敗だったんだ」
「お前なんか、産まなきゃよかったよ」
「最初から、君の力なんて期待してなかったよ」

こんなひどい言葉を吐《は》いてしまうのは、「仕返し」の気持ちが働いているからなのです。

気づかないうちに泥沼に

厄介なことに、自分の感情に気づかない人は、自分が仕返ししているという自覚すらありません。

自分にとっては、気づかないほうが、仕返ししても罪悪感を覚えないで済むというメリットがあります。事実、**私たちは問題解決を望むより、無意識に〝仕返し〟していることがはるかに多い**のです。

自分が発した言葉や行動に相手が傷ついたとき、

「そんなつもりで言ったわけではなかったのに」

こんな言葉の奥にも、しばしば、仕返しの気持ちが潜《ひそ》んでいて、自分がそれに気づいていないだけなのです。

家で誰彼構わず当たり散らすというのはよく聞く話です。テレビを観ながら画面に向かって聞くに堪《た》えない言葉を浴びせる人もいます。感情を解消できない人ほど、こんな形で仕返しをするしかなくなっていくのです。

こんな仕返しの気持ちを抱きながら、

「誰一人、自分をわかってくれる人なんていない」

などと嘆《なげ》いていれば、知らぬ間に「人が憎い」「社会が憎い」となって、自《みずか》ら争いを仕掛け、よけい怖い状況を引き起こしていくことになるでしょう。

傷つく前に自分から行動する

では、こんな悪循環に陥らないためには、どうすればいいでしょうか。

それは、**「自分を傷つけないために、自分から行動をする」**ことです。

前記の例で、彼女は、

「だから私は、恋人に会いたいという自分の気持ちを大事にしていたんです」

と答えていました。

けれども、そのために自分を犠牲にするというのは、賢明な選択でしょうか。

それは、自分を傷つける行為です。実際、「彼女と彼」は、互いに傷つけ合ってばかりいました。**自分を犠牲にして「相手を大事にすることで、愛されたい」よりも、「私を愛したい」を選んでほしいものです。**そうすれば、「自分を傷つけてでも会う」方法ではなく、「自分を傷つけないで会う」方法が見つかります。

先の例のように、彼が「車で迎えに行く」と言ったとしても、

「待つのは苦手だから、私があなたの家に行くわ」

などと、自分を傷つけないための方法をとることができます。

相手の気持ちを試すよりも、

「今月は、誕生日だから、プレゼント期待してるね」

などと、自分から先手を打つこともできます。

「一緒に楽しく過ごしたいから、しっかりと守れる日を決めてね」

と宣言することもできます。

約束を忘れやすい相手であれば、

相手に「してもらう」のを待つよりも……

「忘れられるんじゃないかと気になるから、もう一度、伝えておきます」

こんなふうに**「相手を待つ」よりも、自分から能動的に動いたほうが、自分に誇りを持つことができます。**

また早めに対処できるので、感情の蓄積を防ぐことができます。

そのために無意識に仕返しをしたりして無用に傷つけ合うこともなく、離れるべくして離れる人とは離れ、親しい人とはより親しくなれるのです。

5 自分で自分の心を満たすレッスン

居直る相手。逆ギレされた!!

言い争いがエスカレートしてピークに達したとき、息子や娘が両親に、多くの場合、妻が夫に、あるいは恋人同士の女性が男性に言った後、こう返されます。

「〝あのときは、あのときは〟って、よく、君は昔のことを持ち出すよなあ。じゃあ、どうすればいいんだよっ！　昔のことはどうしようもないじゃないか!!」

怒鳴って言いがちな止《とど》めの言葉です。

確かにそうです。相手に言われるまでもなく、過ぎ去ってしまった過去は取り戻せません。だからこそ、過去のことが頭にこびりついていて、責めずにはいられなくなっているのですから。

ひどい。全然悪いと思ってないんだ……

そんなあなたに、相手から激しく「どうすればいいんだ」と言い返されれば、それ以上答えることができずに、黙るしかありません。

過去の話というだけでなく、**相手のそんな反応に恐怖を覚えて、二度とそれについて言えない**、とあなたは口を噤《つぐ》んでしまうかもしれません。

けれどもあなたが、そうやって相手を恐れて「二度と言えない」と思ってしまうと、いっそうあなたは「どうしようもない」気持ちに駆《か》られていくに違いありません。

あなたは打ちひしがれながら、「過去のことを持ち出しても、どうしようもない。じゃあ、どうすれば」と絶望的な気持ちになるでしょう。

でも、肝《きも》に銘《めい》じておいてください。

あなたが相手とのことで「あのときは、あのときは」と言いたくなってしまうのは、決してあなたが間違っているわけではありません。あなたがそう言い募《つの》りたくなる理由が、ちゃんとあるのです。

それは、**相手が「あなたに、それを言わせない」ような態度をとってきた**からです。繰り返します。相手が、あなたと向き合おうとしなかったのです。

求めても応《こた》えてもらえないことも

物事を自分の問題として向き合えない人たちがたくさんいます。

例えば、周囲の人に何も知らせずに黙って出掛ける人もそうです。何でも内緒にしたがる人もそうです。とりわけ家族には相談せずに、自分勝手に物事を進めようとする人が少なくありません。

男性に多いパターンですが、事後承諾の人もそうです。行動してしまった後では、家族も反対のしようがありません。これは、家族に言うと「十中八九、反対される」と思い込んでいるからです。

しかし独断でそうしながらも、本人は、自分がそうすることを心から認めているわけではありません。秘密裏《ひみつり》に行動するために、絶えず、反対されるのを押し切っているような罪悪感を抱いています。もちろん、それを自覚できない人もいます。

相手に言えば「反対される」と頑《かたく》なに信じている人たちが、相手と向き合うのを恐れるのは当然のことでしょう。

それは、裏を返せば「自分を認めていない」ということです。

自分を認められない人が、あなたの言い分や主張に耳を傾けられるわけはないと思いませんか。むしろ、あなたは、これを自覚してほしいのです。

自覚できれば、**相手が向き合ってくれるのは、今は〝無理〟**だとわかるでしょう。「向き合えない相手」をすぐに変えることはできません。

では翻《ひるがえ》って、あなた自身はどうでしょうか。

向き合えない相手を、あなたは認めることができるでしょうか。

そんな相手を認めることができれば、あなたは、「あのときは、あのときは」というふうに、過去を持ち出したりにしないはずです。

過去のことを蒸し返したくなるほど、あなたは〝満たされない〟気持ちでいっぱいになっています。かといって、相手に「満たしてくれる」ように求めるのも無理とわかりました。

では、あなたのこんな気持ちは、どうすれば解消できるのでしょうか。

自分で自分にＯＫを出そう

あなたの視点で見れば、あなたが「あのときは、あのときは」と言いたくなるのは、どうしてでしょうか。この中に、答えがあります。

そうですね。

「傷つくのが怖くて、自分がそれをすることを認められなかった……」

ということです。

したい・したくない。決めるのは私

もしあなたが〝自分がそうすることを心から認める〟ことができれば、

「これから私は、自分の気持ちのほうを大事にします。自分のために行動します。だから、協力してください」

と堂々と言えるはずです。そして、

「私は、今、これをしていたいのです」

「私には、無理ですね。お断りします」

「私は精一杯、努力してきました。だから、満足しています」

というふうに〝自分を認めるための行動〟をしていきましょう。

もちろん、あなたが幼い頃は、自分がしたいことをしようとしても、それを親が「認めない。許さない」ということもあったでしょう。けれども、**今のあなたは、「自分の気持ちや意志に添う」ことができる**はずです。

さらにまた、あなたがそうやって自分を基準にして考えたり行動することが、「あのときは、あのときは」と言いたくなるような過去の呪縛《じゅばく》から解放されていく最善の方法なのです。

6 心からの満足を見つけるレッスン

相手に満たしてもらえれば幸せ？

あなたは「相手に認めてもらえれば、満足できる」と信じていませんか。「相手に愛してもらえれば、幸せになれる」と信じているかもしれません。

確かに、職場で社長に認められたり、愛する人に愛されている場面をイメージすると、そのプラスイメージによって、快楽物質が生産され、その気持ちよさに浸《ひた》ることができます。

でもそれは、あくまでもイメージの上での気持ちよさです。

果たして、現実的にはどうでしょうか。**あなたがイメージするような心地よさや歓びを、実際にはどれくらい得ていますか？**

例えば、上司があなたに「よくやってくれているね」と認めてくれたので満足しました。パートナーが「愛している」と言ってくれたので満足しました。

でもその後、上司があなたに素っ気《そけ》ない態度をとったり、別の人を誉《ほ》めていたりすれば、そんな満足感は、たちどころに萎《しぼ》んでしまうのではないでしょうか。

あるいは、あなたの中に、相手を疑う心があったり強い不信感があれば、どんなに相手があなたに誠意や善意を持って尽くしてくれたとしても、あなた自身がそれを否定したくなるでしょう。

「ただ待つだけ」の人生なんて……

ところが、奇妙なことに、**相手に対して不信感の強い人ほど、相手が自分に対して不実なことをしても、それを認めようとしません。**

例えば相手が、あなたを「愛している」と言ったとします。相手はそう言いながらも実際には、「忙しい」と言ってなかなか会おうとしなかったり、お金を借りても返そうとしません。

「愛している」という言葉とは裏腹に、相手の実際の行動は、どんなに割り引いて考えても誠実だとは思えません。

そんな相手でも、「愛している」という言葉にすがって、相手のほうからアクションがあるのを待ち続け、自ら行動を起こすことをしません。

それは、「相手と自分の関係」が〝決定的な結論〟に達するのが怖いからです。それを自分ではすでにわかっています。わかっているからこそ、〝結論〟が出るのを恐れて、現実を直視するのを避けようとするのです。


職場でも個人的な付き合いでも、あなたの根本的なパターンは変わりません。

もし、相手によってもたらされる満足の「賞味期限が切れてしまった」場合、あなたはどうしますか。


相手が与えてくれるまで、我慢していますか。

それとも、自分のほうから能動的に働きかけることができるでしょうか。

「気になるので、もう一度、確認させていただけますか」

などと、自分の気になる気持ちを解消するために行動したり、

「あなたの考えは理解できるけれども、今のところ、これに関しては、私がこ

う決めたので、最後までやってみたいんだ。ありがとう」

などと「自分の満足」のために、相手に伝えることができますか。

さらにもっと自分の満足のために、あなたの満足を「数値化・定量化」してみましょう。

考えたことがないかもしれませんが、**自分の感情をつぶさに観察すると、「自分の満足する時間・分量」というのが、確かにある**のです。まさにこんなところが、自分中心でなければ見えてこない点ではないでしょうか。

自分の満足は自分で手に入れる

満足を時間に換算すると、あなたの満足は1日に何時間ぐらいですか。

満足度の質のレベルはどうでしょうか。

それを、数値化・定量化することができますか？

例えば仕事はどんな内容に満足感を覚えていますか。どんな内容をつまらないと感じていますか。どんなところがつまらないかを、具体的にわかっていま

どうすれば私、もっと満足できる？

すか。

集中力を高めるためには、どれぐらいの休憩時間を何回挟《はさ》んだほうがいいですか。

同僚と一緒にいるとき、リラックスしていますか、緊張していますか。

何分だったら、楽《らく》に一緒にいられますか。一対一はいいけれども、複数になると苦手ということもあります。

残業は、一週間のうち何時間以上になると負担になってきますか。

恋人だったら、月に何回会うことができれば、あなたは幸せでいられますか。週に何回、メールをくれたら満足しますか。

夫婦であれば、相手とどんな時間をどういうふうに過ごせば、満足しますか。家事は具体的にどういうふうに分担すれば、満足できますか。

こんなふうに書いていくと、「満足」というのは、相手よりも、自分自身が自分のために「満足できる状況」を数値化・定量化できるほど、具体的に把握できていると言えます。そしてさらに、**「自分の満足のため」に、言葉で表現できたり行動できることが、満足の鍵**《かぎ》と言えるのかもしれませんね。

第5章

もう怖くない！
思い通りの人生に変わる

1 自分の思い通りに生きるには？

ケース1 やることなすことケチをつける親にウンザリ

将来が不安な親は子にすがる

今日《こんにち》の社会状況を反映してでしょう。

自分の未来について漠然《ばくぜん》とした不安や焦《あせ》りを抱いている若者が少なくありません。親は親で、フラフラしている〝ように映る〟子どもに対して、自分たちの老いも重なって不安になります。

「老後は子どもに面倒を見てもらう」ことを当たり前に考えている親であればあるほど、「他者中心」になって相手の言動に憤懣《ふんまん》が募《つの》ります。

「なんだ、お前は。いつまでフラフラしてるんだ。少しは真剣に将来のことを考えたらどうなんだ。いったい、いくつになるまで、そんなことしてるんだ！」

などと未来への恐れも加算されて、言わずにはいられません。

しかし、子どもとしてはどうしようもありません。今は時代が違います。親の世代と違って、〝真剣に将来のことを考え〟ても、１００％安泰《あんたい》な人生が約束されているわけではないからです。

「今のままではダメだ」と頭ごなしに否定されても、不安や焦りが増すばかりで、「自分はこのままでいいのだろうか」と、どんどん怖くなっていきます。

このとき子どもが「自分を守るため」のスキルを知らなければ、

「どうしようと俺の勝手だろう。あんたに説教される筋合いはないよ」

などと、〝仕掛けられた争い〟に乗っていくでしょう。

どんな生き方でも難癖《なんくせ》はつく

もしあなたが、こんなとき「自分を守るスキル」を知っていれば、

「うちのオヤジは、難癖をつけることでしか、人と会話ができないんだ」

と気づくでしょう。

仮にあなたが父親の望むような生き方をしていたとしても、やっぱり、「休日だからといって、ゴロゴロするんじゃないよ」

などと、あなたに難癖をつけてくるでしょう。どうしてだと思いますか。それは、父親にとって重要なのは、あなたが「フラフラしていること」でも「ゴロゴロすること」でもないからです。

あなたが、自分と付き合ってくれることが目標になっているからです。

つまり父親は、**「相手に難癖をつける」という方法で、あなたとコミュニケーションをとろう**としている。それが最大の目標だからです。

だからもしあなたが聖人君子であっても、父親は難癖をつけてくるでしょう。

しかもそんな〝難癖をつけるコミュニケーション〟は、だいたい、家族に限られていて、外に出ると「いい人」で通っている人が少なくありません。家では暴君になれても、外では暴君になれないからです。そんな父親の「内と外」とのギャップに愕然《がくぜん》とするかもしれません。

依存心が強い人ほど、争ってでも誰かにすがっていないと、怖くてたまりません。見捨てられるのが、怖いのです。

俺の生き方、そんなにダメなわけ？

あなたがそんな父親の無意識の策略に乗って争えば、父親は**「ああ、まだ見捨てられてないぞ」**と無意識のところで安心するだけでしょう。

そして、ますます依存するために、あなたを挑発してくるでしょう。

許可をもらう必要なんてない

「争う」という方法で相手と依存し合うこと以外にできることが、あなたにはあります。

そんな傷つけ合うコミュニケーションから〝降りよう〟と決断することです。

例えば父親が、あなたに「ゴロゴロするな」と言って挑発してきました。でもあなたがそうやって「ゴロゴロする」のは、あなたの自由です。親であっても、あなたの自由を侵害することはできません。

あなた自身が、そうすることを心から認めることです。それを〝自覚する〟だけでも、争いが減るでしょう。結果として、不安や焦りも静まっていきます。

あなたがすべきことは、自分の正当性を主張して父親と争うことではありません。**あなたが「ゴロゴロする」ことを心から認めていれば、どうして父親の許可が必要でしょう。**「ゴロゴロしてはいけない」と思い込んでいる父親の生き方を否定することでもありません。そんな生き方は、父親の自由です。

否定のシャワーから身を守る

あなたにとって重要なのは、自分を守るために、非建設的なコミュニケーションから〝降りる〟ことです。

「ああ、そうなんだ。じゃあ、あっちでゆっくりするよ」

そう言い置いて、その場を去るだけでいいのです。

「わかった……。争いたくないので、あっちに行くよ」

この「わかった」は、人間として弱い父親に対する慈愛《じあい》に満ちた気持ちの「わかった」です。〝争いたくない〟という自分の気持ちを伝えることができれば、なおのこと、父親の心に届くでしょう。

「傷つけ合いたくない」という言葉もいいでしょう。

「こんなことを言ったら、父親は、さらに逆上して追いかけてくる」と想像してしまうとしたら、それはあなたの勘違いです。かなり深刻な親子関係でない限り、父親の挑発に乗っていくよりは、はるかに争いになる確率は低いでしょう。

むしろあなたが、〝自《みずか》ら降りる〟ことができれば、あなたは、あまりにも呆《あっ》気《け》ない結末に拍子抜けし、と同時に**「自分を守ることができた」**という誇らしさが波のように押し寄せてきて、大きな満足感を覚えるに違いありません。

2 本気で夢を叶《かな》えたいなら？

ケース2 ミュージシャンになりたい。でも狭き門だし

成功している人の共通点は？

自分の好きな仕事で稼《かせ》いでいきたい。仕事で成功したい。起業して独立してやっていきたい。お金持ちになりたい。そう思いながらもなかなか行動に踏み出せなかったり、実際に行動していても「どうやっても、うまくいかない」という状態で伸び悩んでいる人が少なくありません。

一つ、はっきり言えるのは、実際に自分の望みを叶えている人、自分の願望達成、目標達成に向かって順調に伸びていっている人ほど、〝戦っていない〟という点です。

もしあなたが今、「物事が思った通りに進まない。なかなか望み通りにいか

ない」といった悩みを抱えているとしたら、それはあなたが、「成功させるには、競争相手を打ち負かして、勝たなければならない」と思い込んでいるからにほかなりません。

物事を着実に順調に成功させていく人とそうでない人との違いは、二つに大別すると、**焦点が「人に当たっているか、目標に当たっているか」による**と言えるでしょう。

自分の望みを〝順調に〟達成しつつある人、〝楽《らく》に〟成功していく人たちは、自分の「目標」に焦点が合っています。

この〝順調に〟〝楽に〟がポイントです。決して〝苦労して〟ではありません。

好きなことにとことん集中

例えばあなたは、作詞・作曲が好きで好きでたまりません。寝るのも惜しい、トイレに行くのも時間がもったいない、というぐらい作詞・作曲に熱中しています。

そんな毎日を何年も続けていったら、やればやるほど能力が伸び、技術が磨かれていくわけですから、自然とその道のプロになっていくと思いませんか?

こう言うと、

「私だって、そうやって頑張っています」

「どんなに頑張ったって、好きなことをして成功できるのは、ごく一握りの人間じゃないですか」

そう言いたくなる人もいるに違いありません。


もしあなたがそんな忸怩《じくじ》たる思いを抱くとしたら、普段のあなたは、どんな生活をしていますか。

好きなことや仕事に集中しているでしょうか。

それとも、他者中心になって、それをしながら、頭の中は人のことでいっぱいになっていませんか。

人と心で戦いながら、相手を責めたり自分を責めたりしていませんか。

もし才能がなかったら、人生終わり!?

それでいて、実際に行動することを恐れていたりしていないでしょうか。

あるいは、**「もし、失敗したら、能力がなかったら……、人にどう思われるだろうか」**など、〝人〟に焦点が当たっていませんか。

〝人に焦点を当てて〟そんな否定的な思いや感情に囚《とら》われていれば、人の目が気になったり、人の評価が怖くなっていくでしょう。

そのために、ミスや失敗が増えて、自信そのものをなくしていくかもしれません。

「もし失敗したら」が失敗のモト

他方、〝順調に楽に〟望みを叶えていく自分中心の人は、「目標」のほうに焦点が当たっています。

「目標に焦点を当てましょう」と言うのは簡単です。ところが、こんなシンプルなことができるのは少数です。

どうしてでしょうか。

それは、大半の人が、**「人の目が気になる。人の評価が気になる。傷つくのが怖い。攻撃されるのが怖い。ミスをするのが怖い。失敗するのが怖い」**といったふうに、目標以外のところに囚われてしまうからです。

しかも、それは同時に「感情に囚われている状態」でもあるために、スッキリと「目標」だけに焦点を当てることができません。

〝順調に楽に〟望みを叶えていく人たちは、そんな感情が解消されている人たちなのです。だから自然と「目標」のほうに焦点が当たります。

人への囚われから解放されているので、スッキリと「目標」だけに専念でき

もう迷わない！夢に向かって全力

ます。しかもそうやって熱中する自分に満足感を覚えています。その満足感が、継続力を生みます。

また、そうやって「目標」に焦点を当てているので、必然的に争いの中に入っていきません。

争いから生じる〝恐怖〟からも解放されるので、いっそう気持ちよく自分のことに専念でき、さらに能力も技術も向上していく、というふうに、本当は、人と戦わないほうが勝手に「成功していく」のです。

3 本当の強さを手に入れるには？

ケース3 私だけ仲間外れ。でも、「逃げたら負け」!?

何でも勝ち負けで判断しない

人と戦う人は、自分とも戦っています。

そのために、「逃げちゃいけない」と思っていたり、「逃げたら負け」と信じています。

例えばあなたは、職場やグループの中で、自分が打ち解けられなくて、

「私は仲間外れにされてるんじゃなかろうか」

「私だけ、浮いているんじゃなかろうか」

などと考えて、居たたまれない気持ちになったことはありませんか？

自分と戦っているあなたは、こんなとき、「逃げたら負け」だと信じている

ために、その場を去ることができません。その場を去るのは、〝逃げる〟ということです。そしてそれは、あなたにとっては「負けた」ことになります。

だから怖くても、あなたはそこから動くことができません。

その場に踏みとどまっていながらも、あなたは、

「この人は、他の人とは目を合わせるけれども、私のほうは見てくれない」

などと気にします。ところが反対に、相手が、

「ねえ、あなたは、こんなときどうする？」

などと気を配ってくれたとしても、

「ああ、この人は、私に同情して声を掛けてくれているんだ。自分から入っていけない私って、なんてダメな人間なんだろう」

などと自分にダメ出しのハンコを捺《お》します。

もしこのとき、居るのがつらくなってその場を離れたとしたら、あなたは、

「こんなことぐらいで逃げるなんて、なんて私は弱い人間なんだ」

などと自分を攻撃し、ますます惨《みじ》めな気持ちになっていくでしょう。

自分を守れることが最優先

このように、人と戦い、自分と戦うあなたは、どう転んでも否定的な解釈しかできず、ますます人と一緒にいるのが怖くなっていくでしょう。

それだけではありません。

「勝ち負け」をベースにして「逃げてはいけない」という思いに縛《しば》られていると、事故や災害といった突発的な出来事に見舞われたとき、「危険を避ける」という行動ができなくなっていきます。

危険な状況に瀕《ひん》したときに、本能は、それを察知して逃げるようにと警報を鳴らします。ところが一方では「逃げてはいけない」という指令を発して、その警報にブレーキをかけます。あなたは**相反する情報に立ち往生し、身に迫る危険に対しても、自分を守ることができなくなっていく**のです。

勝ち負けを争う意識を捨てていくと、「逃げたら負け」という意識から解放されます。そして、

「怖いときは、逃げてもいいんだ」

「危ないときは、自分の身を守るために、それを避けよう」

「争って勝つよりも、戦わないほうがいいんだ」

というふうに〝逃げる〟という意識そのものが、

「危険を避けるために、争いから降りる」

「自分を守るために、そこから避難する」

という意識に変換されるでしょう。

そんなあなたが、もし、人と一緒にいるのがつらくなって、その場を立ち去ったとしたら、

「私は、争わずに自分の心を守れてよかったなあ」

などと、自分のとった行動を認める言葉になるでしょう。

しかもそうやって〝逃げたら負け〟から解放されていくと、「行動するのが怖い」が、**「自分のために行動すると楽しい」**に変化していきます。

つまりあなたは、これを目指すだけで、楽しみながら成功する快適旅行への切符を手に入れたも同然となるのです。

4 人生の大きな決断を下すには

ケース4 転職。留学。うまくいくかどうか不安……

「～したい」のに、できない⁉

依然としてあなたが、

「**転職したい。でも、**その後、仕事があるかどうか心配だ。再就職できても、そこでやっていけるかどうか不安だ」

「**留学したい。でも、**留学したとしても、その後、どうすればいいんだろうか。就職先があるだろうか。もしかしたら、仕事をしたくないから、逃げてるんじゃなかろうか」

などと思い悩んでなかなか決めることができないとしたら、あなたは仮想の敵と戦っています。

「えっ、それって個人の問題でしょう。どうしてそれが、戦っていることになるんですか」

あなたがなかなか決めることができないのは、自分の「〜したい」という感情と、「しなければならない」「してはいけない」や「どちらが自分にとって適切か」「どちらが自分にとって得か」といった思考とが対立していて、その両者で戦っているからです。

こんな縛りでどんどん怖くなる

例えば、

「転職したい。でもそれがうまくいくかどうか、怖い」

ここには、二つの感情が存在します。

それは〝**したい**〟と〝**怖い**〟です。

この場合、「〜したい」が〝原初〟の望みで、「不安だ。怖い」という恐れは、原初の望みによって引き起こされる感情です。

このときあなたが、原初の欲求ではなくて、副次的に生まれた「恐れ」のほうに軍配を挙げるなら、あなたは、行動しない選択をするに違いありません。

では、どうしてあなたは「行動しない」を選択してしまいがちなのでしょうか。

それは、「仕事を辞めたい」と「転職をしたい」という、二つの願いを混同しているからではないでしょうか。

そもそもあなたは、どうして「転職したい」と思い悩むのでしょうか。

問題にしたいのは、その「転職」という言葉です。

それは、今の仕事を辞めても、次に**「必ず、仕事をしなければならない」**と思い込んでいるからではないでしょうか。それも**「すぐに」**と、思い込んでいませんか。

では、このときあなたが、

「仕事をするかどうかは、私の自由なんだ」

という「私の選択の自由」を心から認めているとしたら、どんな言葉になる

やっと、やりたいことが見つかったのに……

でしょうか。

「今の仕事に対して、やりたいという意欲が感じられないから辞めたい」「職場の人間関係をうまくやっていくのが困難だから、辞めたい」

というふうに、「転職する」ことと「今の会社を辞めるかどうか」とを分離させて考えることができるでしょう。

本当にしたいことだけ迷いなく

それらを分離させて考えることができるなら、「すぐに転職をしなければならない」という思考にはならないでしょう。

辞めた後、**「しばらく仕事をしたくない」**という欲求があれば、それを気持ちよく満たすことができるでしょう。

あるいは、**「自分のやりたい分野を勉強したい」「専門的な技術を磨きたい」**と思うかもしれません。その間は、短期の仕事やパートでもいいと思うかもしれません。

あるいは、本当は仕事をすることそのものがつらくなっているとも考えられます。

もしそうだとしたら尚更《なおさら》、「転職する」ということよりも、まず**「働きたくない」**あるいは**「働くのがつらい」**という願いを叶えることを最優先することが必要な場合もあるのです。

もしあなたが「思考」と戦うよりも、「自分の感情を優先できる人」であったなら、親に率直に自分の気持ちを伝えて、生活費の援助を申し出ることもできるでしょう。

ついに決心。私の本気、伝わった？

もちろん、

「とんでもない。そんなことはできませんよ」

とあなたが反応するのは承知で言っているのです。

逆に、率直に言える人であれば、そのときは親に頭を下げて頼むことができるでしょう。

そして、それができる人であれば、「仕事をしなければならない」でもなく、「したくない」でもなく、**「自分のために、働きたい」**という欲求と意志を持って行動できる人となっているでしょう。

5 もっと楽に楽しく成功するには？

ケース5 仕事を辞めてしばらくゆっくりしたい

これって、逃げてる？ 甘えてる？

ここで少しイメージしてみましょう。

あなたは今の仕事にやり甲斐《がい》を見出《みいだ》せず、辞めたいと思っています。

まず、その仕事を辞めるかどうかは、心からあなたの自由です。

また、辞めた後、あなたが働くかどうかも「心から自由」です。

もしあなたがその自由を、実感できるぐらい味わえたら、次にどんな発想が浮かびますか。


「仕事を辞めて、しばらくゆっくりしよう」

そんな自分を心から認めることができるでしょう。

もしこのとき、誰かが、**「それは現実から逃げてるんだよ。現実が厳しくても、それに立ち向かって耐えることも必要なんじゃないか」**と一般的なアドバイスをしてくれたとします。もしかしたら、その言葉に迷い始めるあなたがいるかもしれません。それでも最終的に、「今の私は、今のこの気持ちを大事にしたいんです」と、「自分の感情を優先する」ことを心から認めて、そう言えるぐらいに意志を持つことができたとしたら、あなたの未来が「〝厳しい現実〟に立ち向かって耐えるような状況」にはならないことを保証します。

無謀《むぼう》と決めつけるのは早合点《はやがてん》

なぜならあなたが、副次的に引き起こされる〝恐れ〟よりも、原初の感情を大事にしようと決断することができれば、自分を守ることができるようになるからです。

例えばあなたが、今の仕事を辞めて、「自分の望む仕事に挑戦したい」という欲求を持っているとしたら、今の仕事をしながらも、「自分の望む仕事」に関連することを少しずつやり始めているでしょう。

今の仕事を続けながら、自分の望む仕事に必要なものを勉強しているでしょう。望む仕事につながる場所を訪れたり、つながる人とコンタクトをとったりしているでしょう。

このように、決して、無謀な行動に走ったりしない自分でいられます。目標に向かって、急がず焦らず着々と、継続的に〝楽しみながら努力する〟ことができるのです。

繰り返しますが、この**「着々と楽しみながら、継続的に努力する」というのは、楽に順調に成功するための〝最高の法則〟**です。

あなたが、思考から発生する副次的な恐れよりも、原初の「〜したい」という欲求を選択する自由を心から認められたとき、あなたはその法則を体験するに違いありません。

本当にやりたいことには、一直線！

たとえ失敗しても前に進む強さ

もちろん、もしそれが充分に納得した上での決断だとしたら、すっぱりと辞めることもできるでしょう。そのときは、自分が決断したことを後悔しない自分になっています。そのために、**仮にその選択が失敗に終わったとしても、それを認めることができる**でしょう。

もっとも、長期的に俯瞰《ふかん》すれば、それが「失敗だった」とは言えない展開になることがしばしばです。あなたの顕在意識とあなたが無意識に望んでいることにギャップがあることは、すでに述べた通りです。

あなたの無意識は、あなたの顕在意識よりもはるかに俯瞰的、長期的な見方をしています。あなたの短期的な目には失敗だと映っても、無意識の観点からは、決してそれは失敗ではありません。むしろ、あなたの未来のために〝無意識が仕組んだ〟と言っても過言ではありません。

あなたの選択したことが、未来にどうなったか。それを見届けることができるなら、未来において「失敗ではなかった」と気づくことになるでしょう。

6 着実に自分の才能を伸ばすには？

ケース６ 内定した会社は第四志望。これって負け組!?

一見、失敗のように見えても

「鶏口《けいこう》となるも牛後《ぎゅうご》となるなかれ」という諺《ことわざ》があります。まさに、言い得て妙《みょう》です。大きな組織の中で最後尾にいて能力をくすぶらせるよりも、小さな組織であってもトップのほうにいて、自在に活躍できる場所にいたほうがいいというような意味です。

第三者から見れば、牛のほうが立派です。もしあなたが、世間の目を気にしたり、人の評価に拠《よ》り所《どころ》を求めていれば、牛後であろうが、優《すぐ》れていると見える牛のほうを望むでしょう。けれどもあなたが、**「自分の能力を活《い》かす歓《よろこ》びを味わいたい」**と願っていたら、迷わず鶏口を選ぶでしょう。

例えば就職活動のとき、あなたは第一志望のA社には採用されず、B社でもC社でもなく、内定したのはD社だけだったとしましょう。職種がまったく異なるわけではないのですが、あなたとしては不本意です。

目先の合否に囚われているあなたは、A社にもB社にもC社にも採用されずにショックを受けています。

けれども、それは決して失敗ではありません。

〝無意識のあなた〟は、自分が望んでいること、経験したいことを知っています。もろもろの思いを統合すると、あなたにとって相応《ふさわ》しいのはD社だと、〝無意識のあなた〟が自分で判定したのです。

A社に落ちて落胆《らくたん》しているあなたは、どうしてA社でもなくB社でもなくC社でもなく、D社なのか、自分でもまだ気づいていません。

〝顕在意識のあなた〟はそうであっても、**〝無意識のあなた〟は、未来の自分のために必要なものを知っていて、それを学ぶチャンスを得るために、D社を選んだ**ということなのです。

イマイチだったD社。でも働いてみると……

全力を出せる環境はどっち？

この時点ではあなたは、自分の望みどころか、自分の才能にすら気づいていません。それはまだ無意識の中で眠っています。

ここでもしあなたがD社に入社すれば、あなたの未来の姿として、あなたは自由に自分の発想を公表したり、恐れずに意見交換し合ったり、さまざまなアイデアを提案したりして、活き活きと仕事をしています。

周囲もそれを喜んで受け入れてくれています。

それはD社だからできることです。

憧れのA社。でも、働いていたら……

〝無意識のあなた〟は、あなたが自分の才能に気づき、それを伸ばすにはD社が最適なのだと知っているのです。

このように、〝顕在意識のあなた〟の目に失敗と映ることでも、〝無意識のあなた〟の目には、希望への階段として映っているのです。

ではあなたは、顕在意識の望みが叶って、A社に入社したとしましょう。

規律と格調高さを重んじるA社では、あなたの発想は奇抜すぎると却下《きゃっか》されてばかりいて、自信を失うかもしれません。

自由にものを言えば上司に生意気だという烙印《らくいん》を押され、ついには発言するのが怖くなるかもしれません。

あなたのアイデアはコストがかかりすぎるという理由で一顧《いっこ》だにされないかもしれません。

それでも認めてもらおうと意地を張れば、争いながら人を責めたり自分を責めたりして恐怖を増やしていくことになるでしょう。

あなたがA社に入社すれば、こんな展開になっていくかもしれません。

「成功する・しない」は自分次第

もちろん、あなたが入社時は〝牛後〟であっても、次第に頭角を現して〝牛口〟になる可能性もあります。入社時は〝鶏口〟であっても、やがて〝鶏後〟になってしまう可能性もあるでしょう。

そういう意味では、どんな選択をしても、状況は自分次第でどうにでも変えることができるとも言えるでしょう。

もともと私たちは、**どんな状況にあっても、未来を変え得る力**を有しています。

そのとき失敗だと思っていたことが、もっとレベルの高い「成功の種」だったと気づくという例に枚挙《まいきょ》にいとまがありません。こんな現象も、私たちの無意識の力を物語るものです。

決して、偶然ではありません。その都度《つど》、その都度の選択の違いによって、未来は変わります。あなたは自分で、そのチャンスを作ることができるのです。

先の例で言えば、〝無意識のあなた〟がD社を選んだのは、A社よりもD社のほうが得るものが大きいと知っていたからです。

もしあなたがそんな自分の無意識の力を信じることができるなら、あなたは自然に〝鶏口〟どころか〝牛口〟になっていくでしょう。

しかもそのときは、〝鶏口〟であろうが〝牛口〟であろうが、どちらであっても気にならないぐらい「自由な自分」を満喫しているに違いありません。

7 大切な人との関係を取り戻すには？

ケース7　どうして、私の気持ちをわかってくれないの

「相手の自由」を認められない

大半の人が、相手の感情や欲求を認めたり、相手の自由意志を認めてしまうと、**相手は際限なく増長して、どんどんわがままになったり身勝手になっていく**と思い込み、それを恐れてねじ伏せようとします。

人は強制したり義務づけたり、規則で縛っていなければ、どんどん怠《なま》け者になっていって、仕事もしない責任も果たさない、だらしない人間になってしまうと信じていて、この上なく支配的になっていく人も少なくありません。

ところがその一方で、自分自身は、自分の感情や欲求を満たしたい、自由でいたいと望みます。

相手のそれは認めたくないけれども、自分はそれを相手にも認めさせようとするような、矛盾した考えや行動をしているのです。

最近とみに、親子での相克《そうこく》が激化しています。

とりわけ目立つのは、〝子どもは親に〟自分を認めさせようとし、〝親は子どもに〟自分を認めさせようとするように、**互いが相手にそれを主張し、要求しては一歩も引こうとしない**ために起こる争いです。

例えば子どもが、

「俺がこうなってしまったのは、お前のせいだ。俺の過去を返してくれっ」

と叫んだとします。

子どもがそんな気持ちに至るには、それだけの理由があります。親が子どもをそうさせてしまったのも事実です。

けれども、どんなに子どもが過去を悔《く》やみ、泣き叫んでも怒鳴っても暴れても、すでに過ぎてしまった過去を取り戻すことはできません。親は、子どもの激高する姿に怯《おび》えたり、どうしていいかわからずに途方に暮れるばかりです。

どうして、わかってくれないの!?

「私をわかってほしい」の応酬《おうしゅう》に

　親がまだ、子どもを受けとめられればいいのですが、まず、その方法がわかりません。受けとめ方がわからないだけでなく、親自身もまた、子どもと同様に、「相手に認めてもらいたい」気持ちを強く抱いていて、歳《とし》をとってもその気持ちを解消できているわけではありません。

　親は親で、戦ったり怯えたり恐れたり、苦しかったり悲しかったり、孤独だったりといったさまざまな経験をし、苦労しながら子どもを育ててきました。

　そんな思いに耐えながら必死で生きてきた挙げ句、子どもに「自分の過去を返してくれっ」と叫ばれても、到底合点がいきません。

自分の苦労してきた過去を振り返ると、子どもに感謝されこそすれ、子どもに「悪かった」と頭を下げることなど、到底できないでしょう。親は親で「認めてもらいたい」欲求を拳《こぶし》に握りしめ、誰かにしがみつきたい心境でいるのです。

常識的には、子どもは自分が生まれて物心ついたときからしか記憶がありません。

親の人生を目撃していない子どもにとっては、親が自分を育てるためにどんなに苦労したか、あるいは若い頃どれだけ傷ついて生きてきたかなど、理解する術《すべ》もありません。

にもかかわらず親は無謀にも、それらの過去をひっくるめて、子どもに「認めてほしい。わかってほしい」と要求します。

子どもも親も、こんなふうに相手に、「認めてほしい。わかってほしい」気持ちを爆弾のように抱えているので、ひとたび「わかってほしい」に火が点《つ》くと、互いに火花を飛ばして激しく燃え上がり、結果として傷つけ合ってしまうのです。

きっかけはこんな言葉から

一言でいうと、お互いに相手の生き方の自由を認めないことが、こんな相克関係を生んでいます。前章で述べているように、「相手の自由」を認められないのは、その前に、「自分の自由」を認めていないからです。

もしあなたが誰かと「私の自由、相手の自由」を認め合うことができれば、「私と相手」が関《かか》わるときは、

「やってくれて、ありがとう」

「協力してくれて、ありがとう」

「話を聞いてくれて、ありがとう」

だけでなく、あなたが存在して、

「私の傍《そば》にいてくれて、ありがとう」

というふうに、すべて「ありがとう」という感謝になっていくでしょう。

「相手の立場に立て」と無理やり自分に強制する必要はありません。物心両面で相互の自由が尊重されて、**「強制されない。土足で心に踏み込まれない。傷つけられない」**、こんな信頼できる関係であれば、思いやりの気持ちが自然と心の内側から滲《にじ》み出してくるのです。

例えば親が、子どもに対して、

「本当に、ひどいことしてしまったね……。どれだけあなたを傷つけてきたかってことが、今ならわかる。自分たちの生き方を無理やり押しつけて、あなたの気持ちを踏みにじったし、あなたの意志を奪ってしまっていたんだと、やっと気がついたんだ。気づいていないことも、まだたくさんあると思う。謝っても取り返しがつかないのはわかっているけど、こうやって頭を下げることしかできないよ。本当に悪かった……。ごめんなさい。どうやって償《つぐな》えばいいかわからないけど、これから努力させてくれないだろうか」

などと詫《わ》びて努力し続ければ、子どもの反応は違ってくるでしょう。

何よりも、親自身が自分の非を認めて詫びること、改めることが、そんな親であった自分の心を救えるのです。

どうしたの？ 今日は何だか怖くないよ？

恐れが消えればたちまち心が開く

そのとき初めて子どもは、子どもとしてではなくて、「大人と大人」として「人間と人間」として、親を客観的に見ることができるようになっていくでしょう。

「確かに、親には、自分の知らない歴史があったんだ。自分が赤ん坊だった頃、幼い子どもだった頃、自分の記憶にはないけれども、親は親なりに、〝親〟を一生懸命やってきたんだ。自分と同じように迷ったり、苦しんだり悩んだりして生きてきた親の人生があったんだ」

などと、親としてではなく一人の人間として見ることができるでしょう。仮に、自分を受けとめられない未熟な親であったとしても、そんな親に対してさえも、どこかで理解を示している自分に気づくのではないでしょうか。

無断で心に侵入される恐れ、相手に攻撃される恐れ、傷つけられる恐れが消えていったとき、こんなふうに〝近しい人〟として相手に心を開くことができるものです。

恐れを抱かないで済む関係であって初めて、お互いを尊重し合えるのです。

その中に、満足があり幸せがあり、その延長線上に成功もあります。

それにはどんな選択をしようが、それを認め合う**「私の自由、相手の自由」**が不可欠です。

円はスタートがラストであるように、すべての成り立ちが自分を軸として、自分から始まり、自分に帰結するのです。

著者紹介
石原加受子（いしはら　かずこ）
心理カウンセラー。「自分中心心理学」を提唱する心理相談研究所オールイズワン代表。「思考・感情・五感・イメージ・呼吸・声」などをトータルにとらえた独自の心理学スタイルで「性格改善、親子関係、対人関係、健康」に関するセミナー、グループ・ワーク、カウンセリング、講演等を行い、心が楽になる方法、自分の才能を活かす生き方を提案している。日本カウンセリング学会会員、日本学校メンタルヘルス学会会員、日本ヒーリングリラクセーション協会元理事、厚生労働省認定「健康・生きがいづくり」アドバイザー。
著書に、『仕事・人間関係「もう、限界！」と思ったとき読む本』（中経の文庫）、『わずらわしい人間関係に悩むあなたが「もう、やめていい」32のこと』（日本文芸社）、『金持ち体質と貧乏体質』（ベストセラーズ）、『「自己肯定感」の高め方』（ぱる出版）、『「苦しい親子関係」から抜け出す方法』（あさ出版）、『「女子の人間関係」から身を守る本』（PHP文庫）など多数。

［オールイズワン］
東京都杉並区天沼3-1-11 ハイシティ荻窪１F
TEL : 03-3393-4193
ホームページ: http://www.allisone-jp.com/
＊メールマガジン「楽に生きる！　石原加受子の『自分中心』心理学」も好評配信中

この作品は、2012年4月にすばる舎より刊行された『「やっぱり怖くて動けない」がなくなる本』を改題し、再編集したものです。

PHP文庫　傷つくのが怖くなくなる本

2018年12月17日　第1版第1刷

著　者　石　原　加　受　子
発行者　後　藤　淳　一
発行所　株式会社ＰＨＰ研究所
東京本部　〒135-8137 江東区豊洲5-6-52
第四制作部文庫課　☎03-3520-9617(編集)
普及部　☎03-3520-9630(販売)
京都本部　〒601-8411 京都市南区西九条北ノ内町11
PHP INTERFACE　https://www.php.co.jp/
組　版　有限会社エヴリ・シンク
印刷所
製本所　図書印刷株式会社

ISBN978-4-569-76874-8

PHP文庫好評既刊

「女子の人間関係」から身を守る本

石原加受子 監修

女どうしって面倒くさい⁉ 職場やプライベートで女子の人間関係がうまくいく方法を、豊富な参考事例、イラストと共に紹介します。

定価 本体五八〇円（税別）